社区法律知识学习手册

实用导图版

八五普法图书中心◎著

中国法制出版社
CHINA LEGAL PUBLISHING HOUSE

出版说明

近些年，随着全面依法治国的不断推进，我国的社会主义法治建设发生了历史性的变革，取得了历史性的成就，全民法律意识得到空前的提高。法律所体现的公平与正义深入人心，大家在遇到纠纷、侵权等情形时，能够第一时间把“依法办事”“依法维权”作为指导原则，从而为建设法治大环境增加了人民群众方面的坚实力量。

全面推进依法治国，既要坚持科学立法、严格执法、公正司法，也要坚持全民守法。其中，守法不仅仅是从其字面意思理解的“遵守法律规定”，还是在运用法律的层面上体现的“依法办事”“使用法律维权、解决问题”。可以说，用法才是守法的最高境界。那么，如何才能做到“用法”呢？首先要学法、知法、懂法。

不得不说，随着大家法律意识的提高，各界人士的学法积极性在不断地高涨，积极开展法律学习活动。特别是随着《中华人民共和国民法典》的出台，全民学法达到了空前的高潮。为了迎合这一契机，帮助大家学习、运用法律，我们特别组织编写了一套《法律知识学习手册（实用导图版)》，希望能给大家带来帮助。

在这套书中，各分册的内容设置以读者对象为基础，如干部、公务员、农民、青少年、职工、社区工作者等，专门选取了与其工作和生活贴近的法律知识，进行深入浅出的分析，具有很强的实用性与代入感。特别要指出的是，在每一章节，我们制作了“法律知识思维导图”，能够让读者一目了然，快速学习法律知识。读者朋友可以根据自身需要来进行选购，相信总有一册是与您密切相关的！

最后，我们希望本套书能为全面依法治国大计贡献绵薄之力！希望本套书能成为读者朋友学习法律知识的得力助手！同时，希望读者朋友多提宝贵意见！

前　言

本书所指的社区，是在一定的地理区域内，由一定数量的人们组成的社会生活共同体。具体到现实中，即居民生活的社区。从国家的地域范围上看，社区很小，犹如一个“点”；但从基层组织重要性来看，社区又很大。“星星之火，可以燎原”，数量庞大的社区，关乎着社会的稳定与发展。社区的重要性不言而喻。发展好各个社区，对实现我国的伟大复兴事业意义非凡。

谈到稳定与发展，离不开法律。法律在社区中扮演着举足轻重的角色。不管是社区百姓还是社区工作者，都应该学习和了解相关法律，做到知法、懂法、守法、用法。特别是社区内的工作人员，如居委会成员等，更应当学习和了解法律知识。知晓法律知识，不仅可以提高自身法律素养，更有助于做好社区工作，提高为居民服务的质量和效率，从而建设优秀社区。

在此，为了帮助大家学习社区相关的法律知识，我们特别编写了《社区法律知识学习手册》。在本书中，我们依据社区实际工作，对社区涉法、用法事项进行阐述，具有很强的现实意义。综合来看，本书主要具有以下两大特色：

其一，内容与社区密切相关，精准定位、实用性强。本书密切围绕社区这一特定的组织，纳入了与之相关的法律知识，如宪法、民法典、居委会组织法、治安管理处罚法、刑法、社区矫正法、传染病防治法等。这些法律对社区工作以及社区生活具有很强的指引作用，具有相当的实用价值。

其二，以案说法，生动形象，通俗易懂。众所周知，法律是一门严谨的学科。很多人觉得学习和运用法律是专业人士干的事情。其实不然，法律作为一门社会学科，任何人都可以学习且用得到。本书通过案例分析的方式，使用通俗易懂的语言，向大家传递法律知识，相信大家一定能读得懂、吃得透！

2020 年一场新型冠状病毒肺炎的暴发，凸显出社区的凝聚力与社区工作的重要性。社区防控，成为新冠肺炎疫情防控中的重要一环。防控结果证明，社区交上了令人满意的答卷。社区工作纷繁复杂，涉及的法律多种多样，可能远非一本书能够概括。我们衷心希望此书能给广大社区工作者与社区百姓答疑解惑，对大家有所帮助。同时，欢迎大家不吝指教！

本书编委会

目录／Contents

第一章　宪法法律知识

第二章　居民自治法律知识

第三章　社会救助与保障法律知识

第四章　人身人格权利保护法律知识

第五章　房屋物业法律知识

第六章　家庭关系法律知识

第七章　公共卫生防疫法律知识

第八章　社区矫正法律知识

第九章　治安管理法律知识

第十章 党纪与刑事法律知识

第一章
宪法法律知识

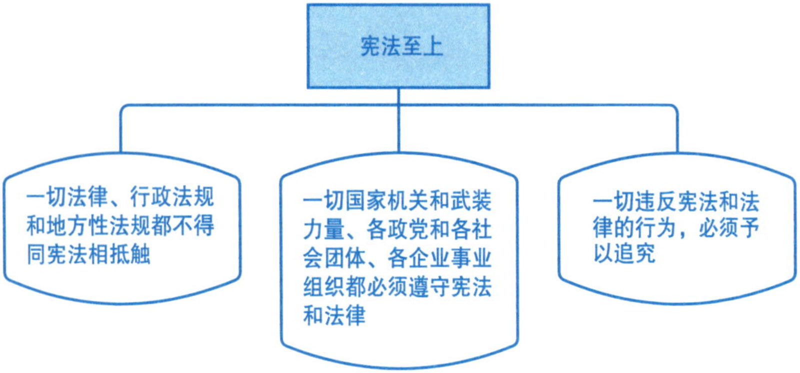

宪法的意义

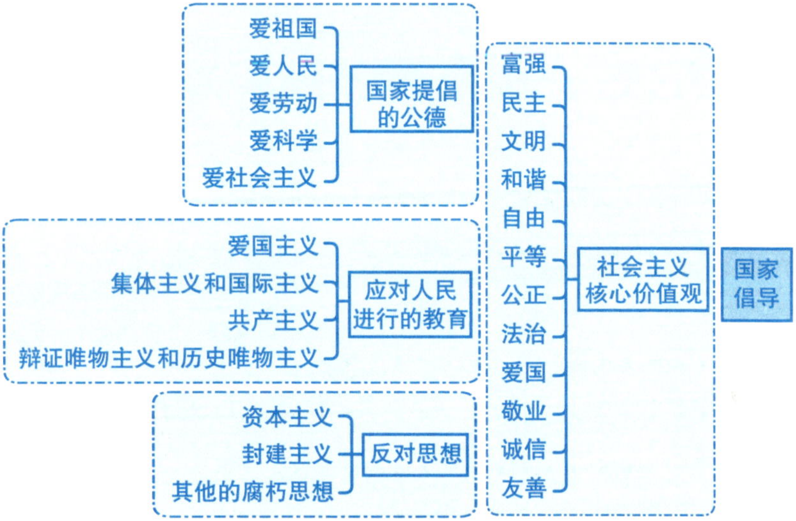

社会主义核心价值观

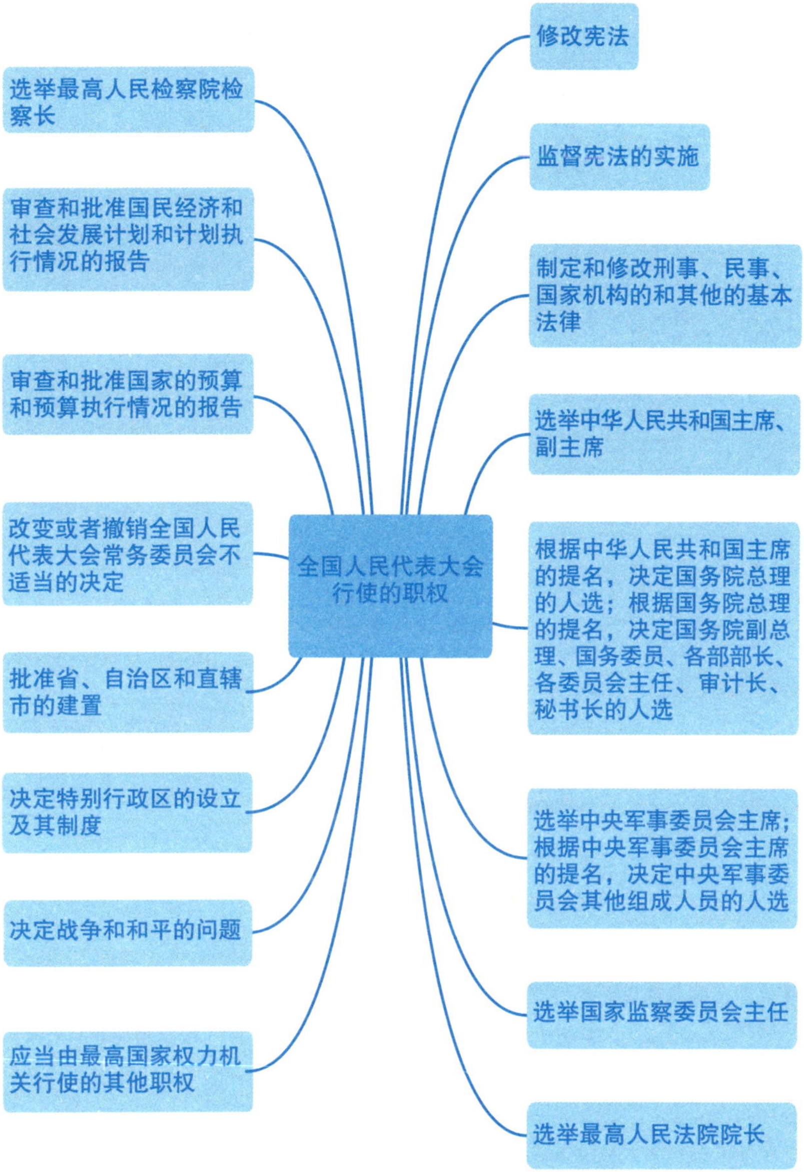

全国人民代表大会行使的职权

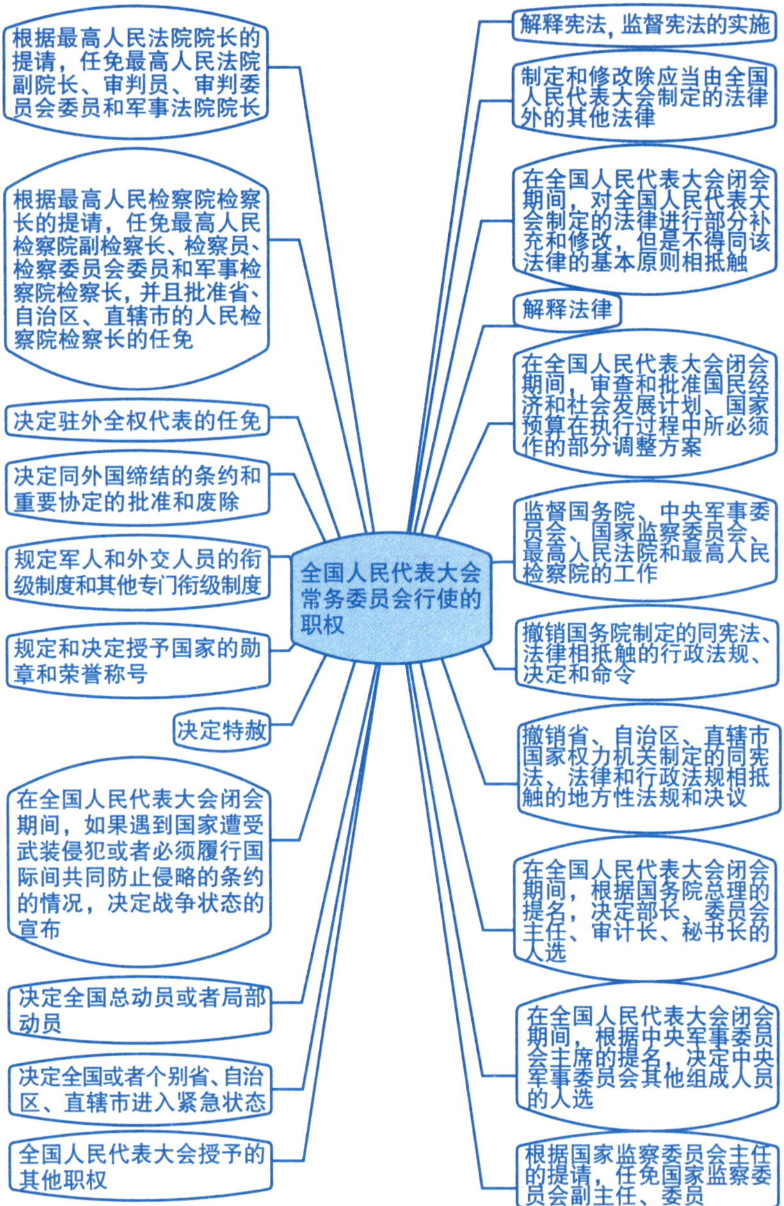

全国人民代表大会常务委员会行使的职权

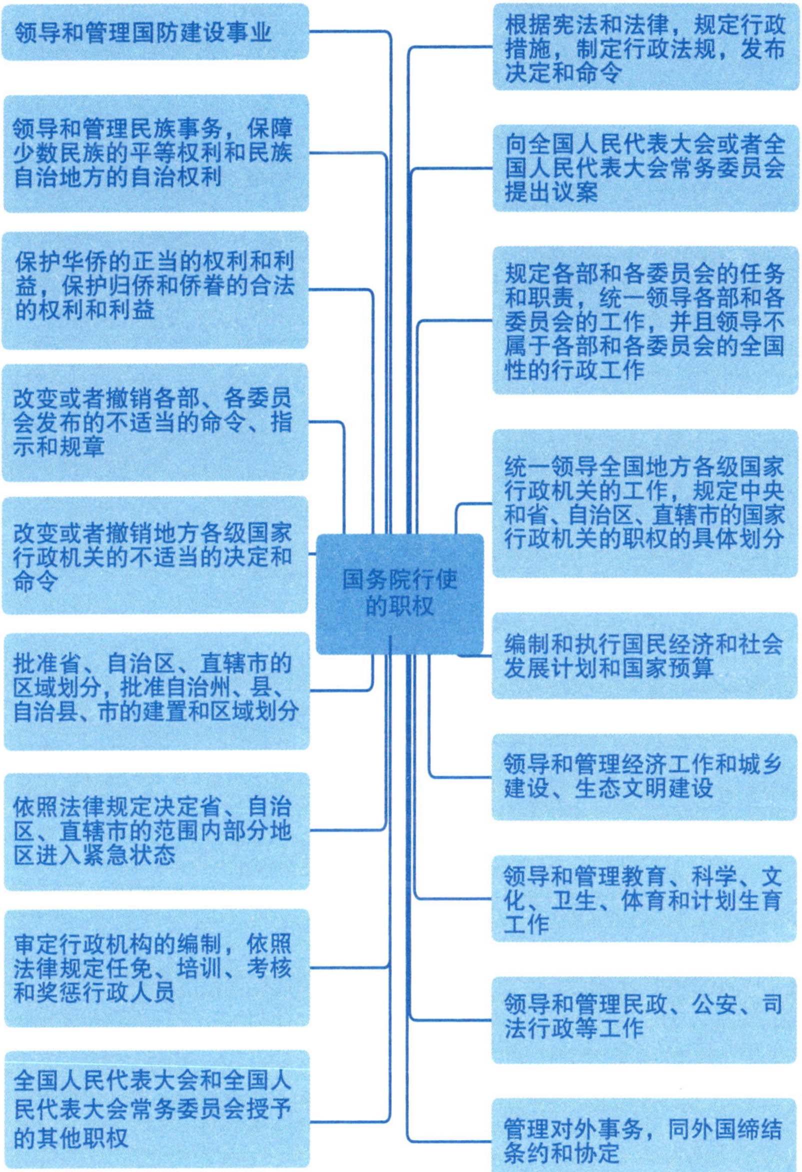
国务院行使的职权
领导和管理国防建设事业
领导和管理民族事务，保障少数民族的平等权利和民族自治地方的自治权利
保护华侨的正当的权利和利益，保护归侨和侨眷的合法的权利和利益
改变或者撤销各部、各委员会发布的不适当的命令、指示和规章
改变或者撤销地方各级国家行政机关的不适当的决定和命令
批准省、自治区、直辖市的区域划分，批准自治州、县、自治县、市的建置和区域划分
依照法律规定决定省、自治区、直辖市的范围内部分地区进入紧急状态
审定行政机构的编制，依照法律规定任免、培训、考核和奖惩行政人员
全国人民代表大会和全国人民代表大会常务委员会授予的其他职权
根据宪法和法律，规定行政措施，制定行政法规，发布决定和命令
向全国人民代表大会或者全国人民代表大会常务委员会提出议案
规定各部和各委员会的任务和职责，统一领导各部和各委员会的工作，并且领导不属于各部和各委员会的全国性的行政工作
统一领导全国地方各级国家行政机关的工作，规定中央和省、自治区、直辖市的国家行政机关的职权的具体划分
编制和执行国民经济和社会发展计划和国家预算
领导和管理经济工作和城乡建设、生态文明建设
领导和管理教育、科学、文化、卫生、体育和计划生育工作
领导和管理民政、公安、司法行政等工作
管理对外事务，同外国缔结条约和协定

国务院行使的职权

我国的民族政策

- 国家保障各少数民族的合法的权利和利益，维护和发展各民族的平等团结互助和谐关系
- 禁止对任何民族的歧视和压迫，禁止破坏民族团结和制造民族分裂的行为
- 国家根据各少数民族的特点和需要，帮助各少数民族地区加速经济和文化的发展
- 各少数民族聚居的地方实行区域自治，设立自治机关，行使自治权
- 各民族自治地方都是中华人民共和国不可分离的部分
- 各民族都有使用和发展自己的语言文字的自由，都有保持或者改革自己的风俗习惯的自由

各民族一律平等

我国的民族政策

1. 社区工作人员可以随便搜查公民的住宅吗？

◆ 案例分析

郭先生是某社区的工作人员，某天，郭先生接到所在小区 2 栋 3 单元业主林先生的电话，称邻居李小姐偷了他的戒指，要求搜查邻居家。原来，前一天晚上，林先生一家邀请李小姐到自己家吃饭。第二天，林先生做家务的时候，发现自己送妻子的戒指不见了，而前一天就只有李小姐来过家里，林先生猜测戒指是李小姐偷的。李小姐否认自己拿了林先生家的戒指，双方争执不下，林先生就拨打了社区居委会的电话，要求社区的工作人员主持公道，搜查李小姐的家。那么，社区工作人员可以随便搜查公民的住宅吗？

住宅是公民私人生活的载体，保护公民的住宅安全对于稳定社会秩序十分重要。对此，我国《宪法》第 39 条明确规定："中华人民共和国公民的住宅不受侵犯。禁止非法搜查或者非法侵入公民的住宅。"也就是说，我国公民的住宅受到宪法的保护，任何未按照程序的搜查和侵入私人住宅的行为都是违法的。而根据法律规定，只有公安机关、人民检察院在办理刑事案件过程中，按照法律规定的程序获得审批后，才能依法搜查公民的住宅。除此之外，任何单位和个人均无权擅自搜查他人住宅。在本案中，郭先生只是社区的工作人员，不是公安机关、检察院的工作人员，是没有权力搜查李小姐的住宅的。如果社区工作人员进行调解后仍无法解决问题，林先生可以向公安机关报案，由公安机关介入调查取证。

◆ 法律条文

《中华人民共和国宪法》

第三十九条 中华人民共和国公民的住宅不受侵犯。禁止非法搜查或者非法侵入公民的住宅。

深度解析

公民的住宅受到法律的保护，任何单位和个人不得非法入侵。但是，任何自由都是有限制的，侦查机关的公职人员按照法律规定的程序办妥手续后，可以对公民的住宅进行搜查，公民也应当配合侦查机关办案。作为社区的工作人员，虽然无法搜查业主的住宅，但是可以及时记录相关的线索，协助公安机关破案。

2. 社区工作人员可以干涉他人信奉宗教吗?

◆ 案例分析

郑先生是某居委会的工作人员。某天，郑先生走访自己负责的片区时，发现蒋爷爷在家供奉了观音，时常祭拜，对佛教深信不疑。郑先生是个无神论者，不相信任何宗教，他认为蒋爷爷太过信奉佛教不好，可能会做出一些不理智的事情，就劝蒋爷爷放弃信奉佛教，并向他说了无神论的看法。那么，社区工作人员可以干涉他人的宗教信仰自由吗?

我国《宪法》第36条第1款、第2款规定:“中华人民共和国公民有宗教信仰自由。任何国家机关、社会团体和个人不得强制公民信仰宗教或者不信仰宗教，不得歧视信仰宗教的公民和不信仰宗教的公民。”也就是说，作为公民，我们可以选择信奉宗教或者不信教，也有选择信奉何种宗教的自由，任何人不得强制、干涉公民的宗教信仰自由。国家工作人员无权干涉其他公民的信教自由。在本案中，郑先生虽然是社区的工作人员，但也不能干涉蒋爷爷信奉佛教。蒋爷爷是否信教，信奉哪个教，都是蒋爷爷自己的选择。

◆ 法律条文

《中华人民共和国宪法》

第三十六条　中华人民共和国公民有宗教信仰自由。

任何国家机关、社会团体和个人不得强制公民信仰宗教或者不信仰宗教，不得歧视信仰宗教的公民和不信仰宗教的公民。

国家保护正常的宗教活动。任何人不得利用宗教进行破坏社会秩序、损害公民身体健康、妨碍国家教育制度的活动。

宗教团体和宗教事务不受外国势力的支配。

深度解析

公民有宗教信仰自由，社区工作人员不仅要尊重公民的个人信仰，还不能歧视有宗教信仰的公民。同时，公民在从事宗教活动时，要遵守国家法律，尊重他人的合法权益，不得利用宗教破坏社会秩序、损害公民身体健康、影响国家教育制度等。

3. 公民必须遵守公共秩序吗?

◆ 案例分析

国庆节期间，徐小姐想让儿子小东了解我国的历史文化，就带着小东去了当地的博物馆。在参观某个书画厅的时候，徐小姐和儿子听到旁边的游客在大声交谈，已经影响到了自己的观赏。于是，徐小姐悄悄地提醒旁边的游客，在博物馆不应大声交谈，要有社会公德心，遵守公共秩序。那么，公民必须遵守公共秩序吗?

公共秩序即社会公共生活秩序，是维护公共生活稳定、有序进行所必需的秩序。良好的公共秩序需要大家共同遵守和维护，这不但是对公民的道德要求，同时也是公民的一项法定义务。我国《宪法》第 53 条规定："中华人民共和国公民必须遵守宪法和法律，保守国家秘密，爱护公共财产，遵守劳动纪律，遵守公共秩序，尊重社会公德。"也就是说，遵守公共秩序是公民的基本义务。不遵守公共秩序，不但有违社会公德，也违背了法律的强制性规定。在上面的案例中，徐小姐提醒游客遵守公共秩序的行为是正确的，公民在公共场所遵守公共秩序也是必要的。

◆ 法律条文

《中华人民共和国宪法》

第五十三条　中华人民共和国公民必须遵守宪法和法律，保守国家秘密，爱护公共财产，遵守劳动纪律，遵守公共秩序，尊重社会公德。

深度解析

公共秩序与我们每个个体息息相关。从微观上说，公共秩序影响着我们个人的生活质量；从宏观上讲，公共秩序更是一个社会文明的体现。如果某个人不遵守公共秩序，小则会影响自身形象，对他人造成影响，大则会影响国家形象。因此，我们需要从自身做起，遵守公共秩序，承担起社会责任，营造良好的社会氛围。

4. 公民的言论自由有限制吗？

◆ 案例分析

杨小姐是一名有着 30 多万粉丝的微博网红。某天，杨小姐和自己的邻居李小姐发生了一些争执。为了报复李小姐，杨小姐在自己的微博上散布李小姐的私事，以引起粉丝们的注意，果然，有些粉丝竟然人肉搜索出了李小姐的个人信息，打电话骚扰李小姐。那么，杨小姐的行为正确吗？杨小姐的言论自由有限制吗？

作为一项基本的人权，言论自由是公民按照自己的意愿，自由地发表言论、听取他人陈述意见的权利。我国《宪法》第 35 条规定："中华人民共和国公民有言论、出版、集会、结社、游行、示威的自由。"这一规定在宪法层面确认了我国公民享有言论自由。但是，言论自由并非没有限制，根据《宪法》第 51 条的规定，言论自由的行使不得损害国家的、社会的、集体的利益和其他公民的合法的自由和权利。在本案中，杨小姐的行为已经超出了言论自由的界限，是对言论自由权利的不正当行使，侵犯了李小姐的合法权利，李小姐可以要求杨小姐立即停止侵害，赔礼道歉，赔偿损失。

◆ 法律条文

《中华人民共和国宪法》

第三十五条　中华人民共和国公民有言论、出版、集会、结社、游行、示威的自由。

第五十一条 中华人民共和国公民在行使自由和权利的时候，不得损害国家的、社会的、集体的利益和其他公民的合法的自由和权利。

深度解析

言论自由是每个公民普遍享有的权利。但是言论自由的行使，是有边界的。在行使言论自由时，我们必须尊重他人的权利与名誉、尊重公认的道德标准，不得煽动使用暴力、鼓吹战争，不得煽动仇恨与歧视，不得妨碍公共秩序。

第二章
居民自治法律知识

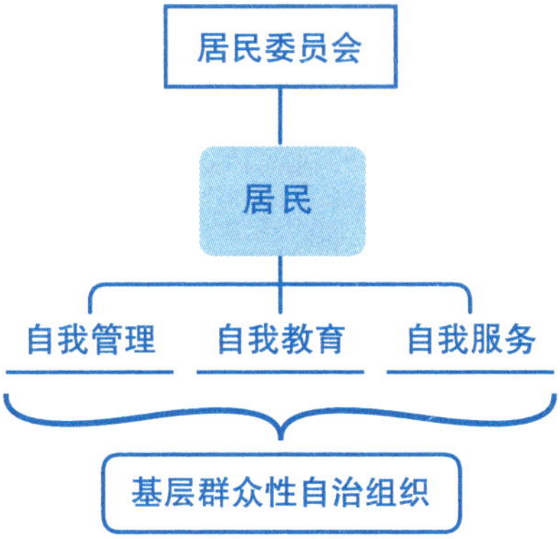

居民委员会的定义

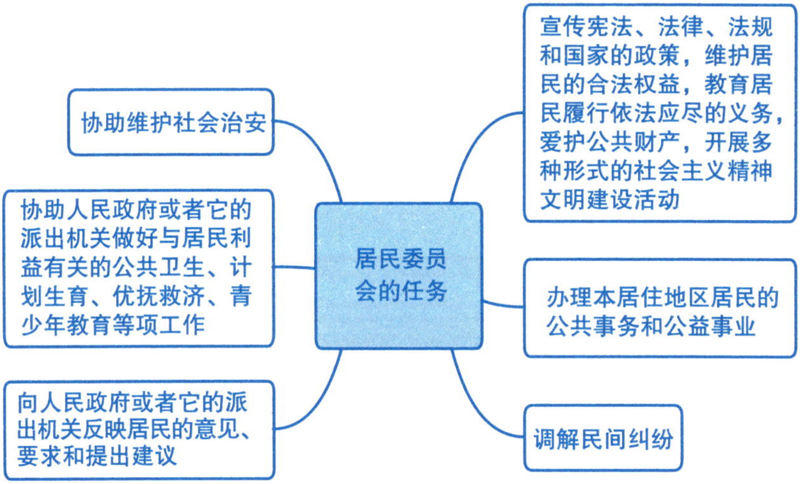

居民委员会的任务

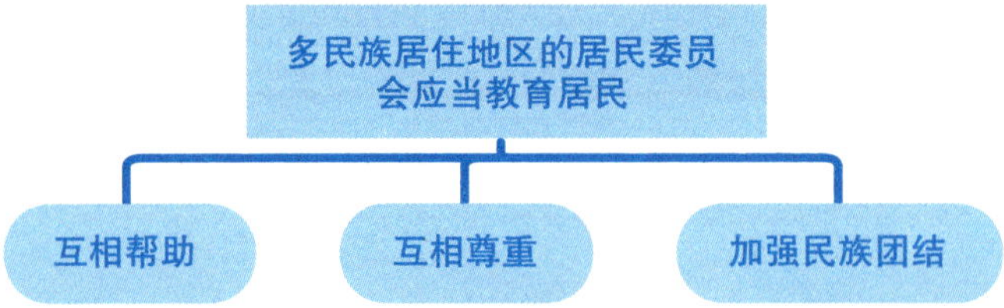

多民族居住地区居民委员会的作用

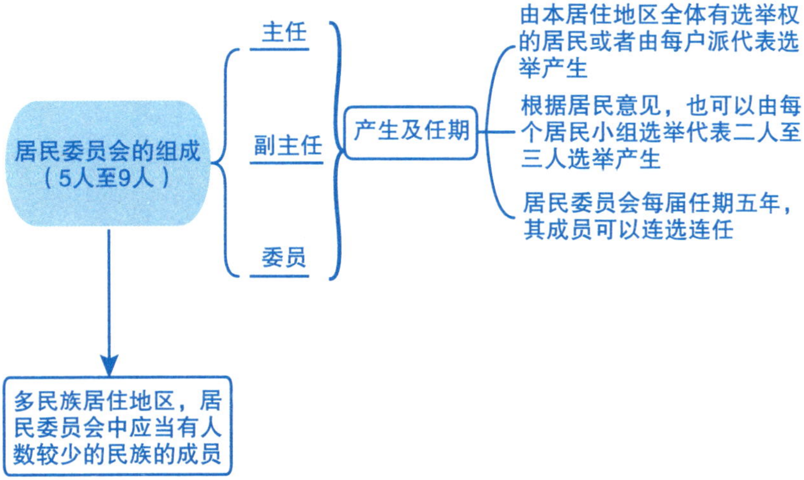

居民委员会的组成

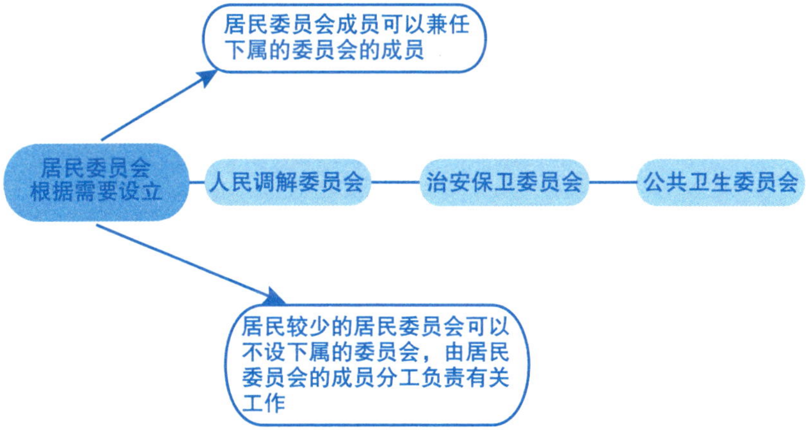

居民委员会的下设机构

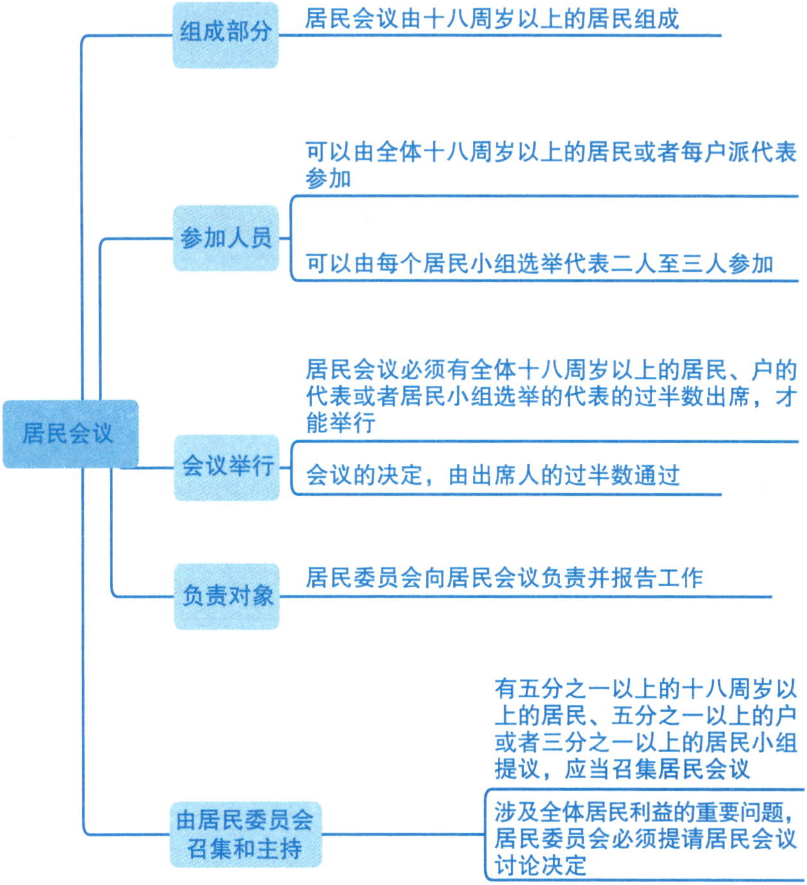
居民会议
组成部分
居民会议由十八周岁以上的居民组成
参加人员
可以由全体十八周岁以上的居民或者每户派代表参加
可以由每个居民小组选举代表二人至三人参加
会议举行
居民会议必须有全体十八周岁以上的居民、户的代表或者居民小组选举的代表的过半数出席，才能举行
会议的决定，由出席人的过半数通过
负责对象
居民委员会向居民会议负责并报告工作
由居民委员会召集和主持
有五分之一以上的十八周岁以上的居民、五分之一以上的户或者三分之一以上的居民小组提议，应当召集居民会议
涉及全体居民利益的重要问题，居民委员会必须提请居民会议讨论决定

居民会议的相关概念

5. 召开居民会议应当达到怎样的标准？谁有权召集会议？

◆ 案例分析

某小区居民李某喜爱跳广场舞，在李某的组织下，一支老年人广场舞队伍成立了。近日，该队伍每晚在小区广场上组织跳舞，伴随着嘈杂的音乐常常跳到晚上 12 点左右。该小区内有多名高三学生在奋力备战高考，但是因为嘈杂的音乐声，学生们无法集中注意力学习。此外，小区内睡眠质量差的上班居民也无法忍受音乐声，于是在小区业主群内呼吁召开居民会议，讨论跳舞时间的协调问题。那么，召开居民会议应当达到怎样的标准？谁有权召集会议呢？

社区居民会议是社区居民依法行使民主管理权力的组织形式，有助于居民发扬民主的组织制度、民主的决策制度，是居民实行自治的决策机构。与本社区利益相关的事务，居民可以通过社区居民会议进行讨论、决策。我国《城市居民委员会组织法》第 9 条第 3 款规定："居民会议必须有全体十八周岁以上的居民、户的代表或者居民小组选举的代表的过半数出席，才能举行。会议的决定，由出席人的过半数通过。"一小部分居民的意见不能代替所有居民的意愿，该条款对出席和表决人数做了硬性的规定，体现了代表的广泛性、民主性与有效性。与此同时，我国《城市居民委员会组织法》第10条第2款规定："居民会议由居民委员会召集和主持。由五分之一以上的十八周岁以上的居民、五分之一以上的户或者三分之一以上的居民小组提议，应当召集居民会议。涉及全体居民利益的重要问题，居民委员会必须提请居民会议讨论决定。"该项对会议的召集与主持者身份、人数占比有相应的要求，并规定了居民委员会必须提请居民会议讨论的情形，避免了因个别居民的私人事务而占用社区公共资源的现象，也及时地回应了社区居民共同关心的公共事务问题，兼顾了效率与民主。在本案中，部分受扰的居民若想召开居民会议，必须满足全体十八周岁以上的居民、户的代表或者居民小组选举的代表的过半数出席的硬性条件，由居民委员会召集。倘若有五分之一以上的十八周岁以上的居民、五分之一以上的户或者三分之一以上的居民小组对此次事件提议召开居民会议，则居民委员会必须召集。

◆ 法律条文

《中华人民共和国城市居民委员会组织法》

第九条　居民会议由十八周岁以上的居民组成。

居民会议可以由全体十八周岁以上的居民或者每户派代表参加，也可以由每个居民小组选举代表二至三人参加。

居民会议必须有全体十八周岁以上的居民、户的代表或者居民小组选举的代表的过半数出席，才能举行。会议的决定，由出席人的过半数通过。

第十条　居民委员会向居民会议负责并报告工作。

居民会议由居民委员会召集和主持。有五分之一以上的十八周岁以上的居民、五分之一以上的户或者三分之一以上的居民小组提议，应当召集居民会议。涉及全体居民利益的重要问题，居民委员会必须提请居民会议讨论决定。

居民会议有权撤换和补选居民委员会成员。

深度解析

社区居民会议充分调动了社区居民参与社会治理的积极性与主动性，有效落实了居民的知情权、参与权、管理权和监督权，让居民真正成为社区的主人。由于社区居民人数众多，采用完全同意原则处理社区事务存在着障碍，所以《城市居民委员会组织法》规定了社区居民的代表人数达到一定的比例才可召开社区居民会议并进行表决，体现了效率性与民主性，符合当前我国基层社会管理的现状。

6. 居委会可以自行制定居民公约吗?

◆ 案例分析

某小区属于老年型居住小区，小区内老年人居住比例较高。大多数老年人为了排解子女不在身边的孤独感，选择养狗增添生活趣味。但是社区内老年人养狗比较随意，在遛狗时未注意相关事项，给社区的居住环境带来卫生、安全等隐患和困扰。社区居委会也注意到了这一现象，为了呼吁老年人文明养狗，为社区制造文明、干净的居住环境，决定在社区内制定一条关于养狗的社区居民公约，呼吁大家理性、文明养狗。那么，居委会可以自行制定居民公约吗？

社区居民公约是实现居民自我管理、自我服务、自我约束的行为准则，一旦生效，则在社区范围内对全体居民具有约束效力。其内容必须具有合法性与合理性，并受到行政机关的审查与监督。我国《城市居民委员会组织法》第 15 条第 1 款规定："居民公约由居民会议讨论制定，报不设区的市、市辖区的人民政府或者它的派出机关备案，由居民委员会监督执行。居民应当遵守居民会议的决议和居民公约。"公约具有制约性，所以为了体现居民的全体意志，必须经过居民会议讨论制定，体现民主性。第 15 条第 2 款规定："居民公约的内容不得与宪法、法律、法规和国家的政策相抵触。"意思是居民公约必须在遵守宪法、法律的相关规定的条件下才有意义，否则直接因效力抵触而归于无效。在本案中，居委会提倡文明养狗、制定居民公约的想法值得肯定，但是居委会不能自行制定居民公约，其应当由居民会议讨论制定，并报相关机关对其进行合法性审查和监督。

◆ 法律条文

《中华人民共和国城市居民委员会组织法》

第十五条　居民公约由居民会议讨论制定，报不设区的市、市辖区的人民政府或者它的派出机关备案，由居民委员会监督执行。居民应当遵守居民会议的决议和居民公约。

居民公约的内容不得与宪法、法律、法规和国家的政策相抵触。

深度解析

社区居民公约是深化居民自治、落实依法治理的有效载体，在推进社区建设、维护社区稳定方面发挥着积极的作用。居民公约应当由居民会议讨论制定，而不能由居委会单方面决定。此外，由于公约的内容在社区范围内具有约束性，对居民的自由进行了一定的限制，因此必须进行合法合规性审查。

7. 居委会开展公益项目的费用来自哪里？

◆ 案例分析

某小区为弘扬“人道、博爱、奉献”的人道主义精神，决定6月底联合区红十字会、血站在社区开展“挽起袖子，为生命助力”的公益献血活动。此次献血活动受到居民们的热烈响应，取得了良好的社会反响，获得了圆满的成功。张某大学毕业之后，就进入社区居委会工作，工作时间较短，对居委会运行机制不太了解，对这次居委会开展公益项目的资金费用来源产生疑问。如果你是和张某一起工作的同事，你能告诉张某居委会开展公益项目的资金费用来自哪里吗？

公益活动需要一定的资金支持，为了体现自愿性与受益性原则，我国《城市居民委员会组织法》第16条规定：“居民委员会办理本居住地区公益事业所需的费用，经居民会议讨论决定，可以根据自愿原则向居民筹集，也可以向本居住地区的受益单位筹集，但是必须经受益单位同意；收支帐目应当及时公布，接受居民监督。”社区开展公益事业的资金可以来自居民，也可以来自受益单位，两者都要以自愿和同意为前提。本案中，该小区居委会开展公益献血活动的资金可以向社区居民募捐筹措，也可以在受益单位同意的前提下，向受益单位筹集。

◆ 法律条文

《中华人民共和国城市居民委员会组织法》

第十六条　居民委员会办理本居住地区公益事业所需的费用，经居民会议讨论决定，可以根据自愿原则向居民筹集，也可以向本居住地区的受益单位筹集，但是必须经受益单位同意；收支帐目应当及时公布，接受居民监督。

深度解析

公益事业的顺利开展需要相关的人力、物力和财力支持，但是公益活动的公益性本质又要求其应该是无偿与自愿的，不能用强制性手段取得经费支持。这就要求社区工作者在开展活动之前进行充分的说明与筹划工作，确保筹集到的公益活动经费满足活动需要，保障活动顺利完成。在经费筹集与支出过程中，要对有关的明细进行公开，确保活动举办的圆满性与非营利性。

8. 对于被依法剥夺政治权利的人，居委会应履行哪些职责？

◆ 案例分析

孙某与同社区居民蔡某因经济纠纷结怨，为了报复蔡某，孙某诽谤蔡某实施盗窃行为，并在小区四处宣传。蔡某认为孙某严重侵害了自己的名誉，情节严重，造成十分恶劣的影响，于是报警，并向法院提起了诉讼。经法院审判之后，孙某被判决剥夺政治权利 6 个月。孙某被剥夺政治权利之后，回到居住的社区，社区居委会应履行哪些职责呢？

剥夺政治权利是指依法剥夺犯罪分子一定期限参加国家管理和政治活动的权利，对犯罪分子具有威慑作用。我国《城市居民委员会组织法》第 18 条规定："依照法律被剥夺政治权利的人编入居民小组，居民委员会应当对他们进行监督和教育。"居民委员会监督被剥夺政治权利的人，能够督促当事人及时进行反思与悔改，纠正自己的违法行为。本案中，孙某被依法剥夺了政治权利，其居住地居委会有义务对孙某进行监督和教育，敦促其及时改正。

◆ 法律条文

《中华人民共和国城市居民委员会组织法》

第十八条 依照法律被剥夺政治权利的人编入居民小组，居民委员会应当对他们进行监督和教育。

深度解析

犯罪分子可能因为各种原因被剥夺了政治权利，而回到居住地所在社区生活，被剥夺政治权利的刑法处罚表明当事人做出过违法行为。为了保护社区其他居民的人身、财产安全，也为了及时纠正、教育犯罪分子的错误，防止其再次实施违法行为，居住地社区居委会应当将其编入居民小组，并承担起监督、教育义务，敦促犯罪分子意识到自己行为的违法性及危害后果，及时进行改正。

第三章
社会救助与保障法律知识

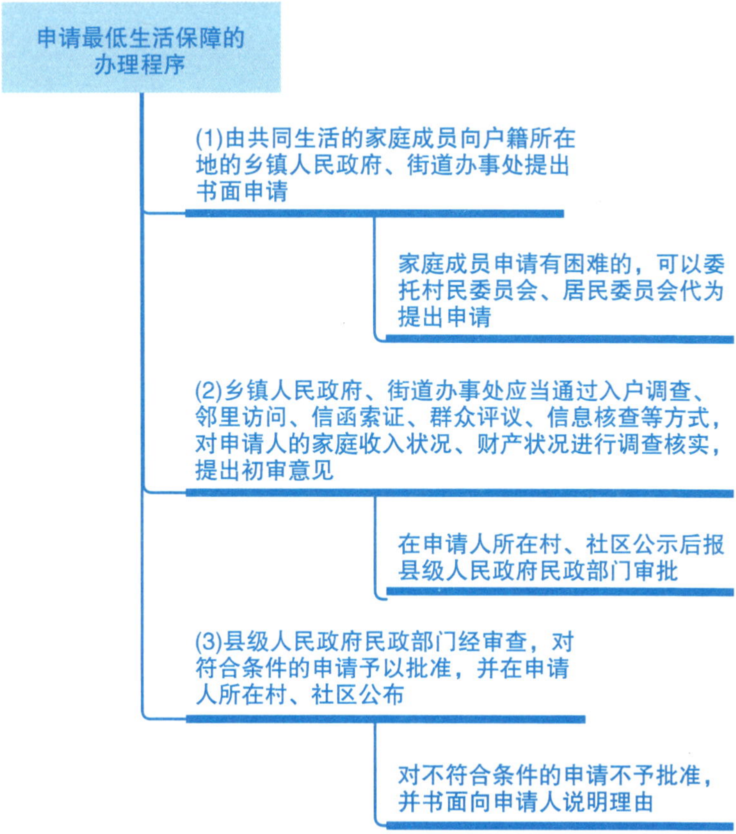

申请最低生活保障的办理程序

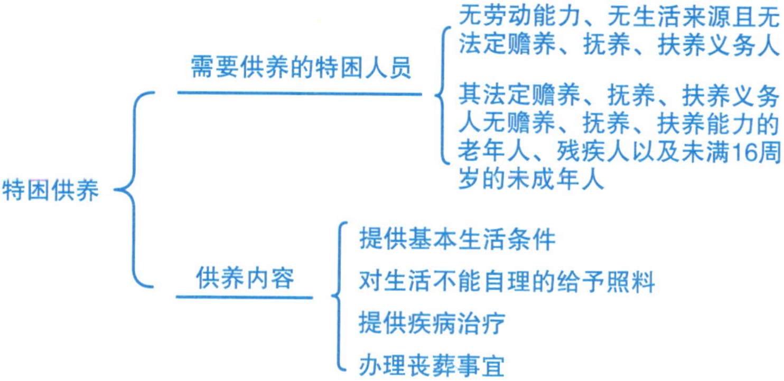

特困供养的判定标准及内容

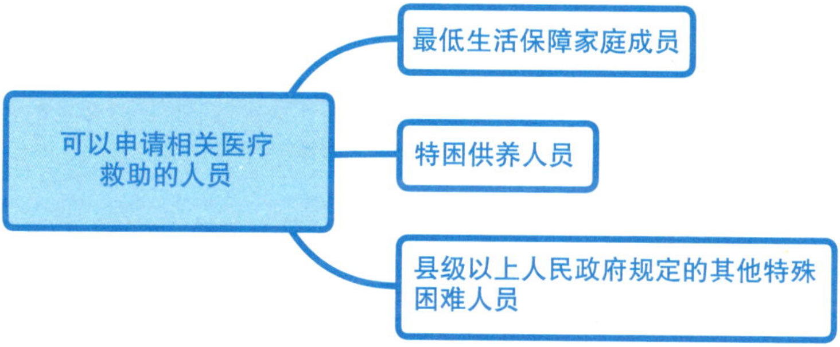

可以申请相关医疗救助的人员

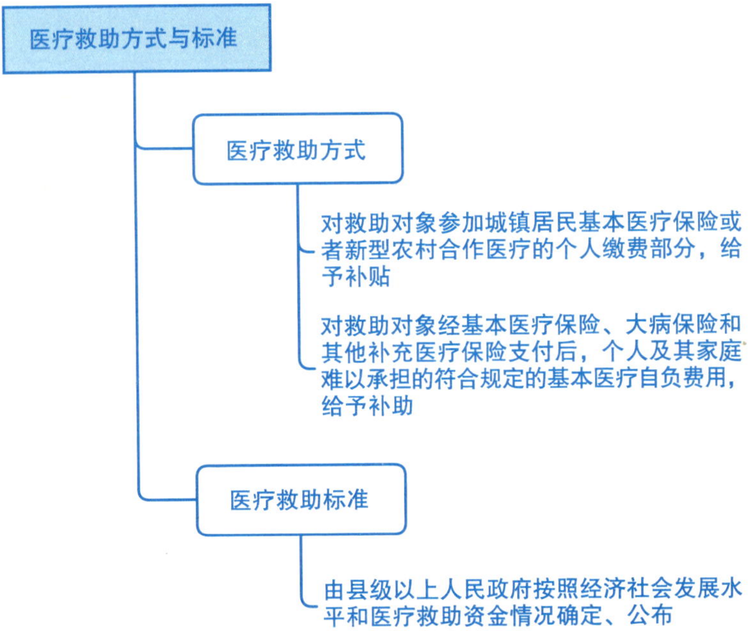

医疗救助方式与标准

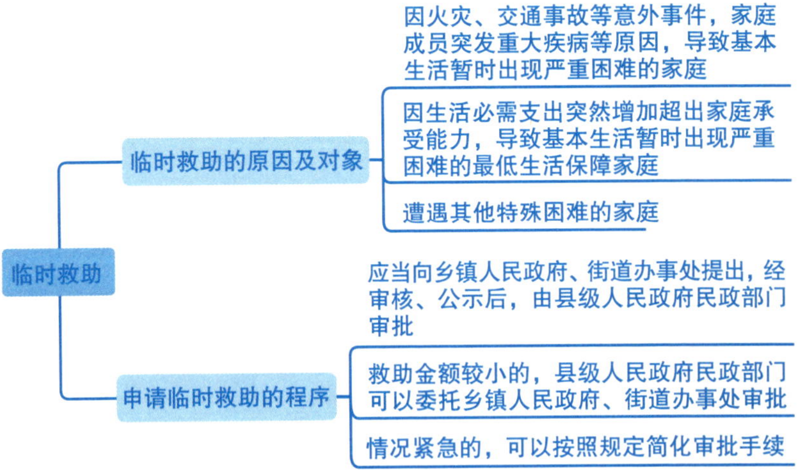

临时救助的原因、对象及申请程序

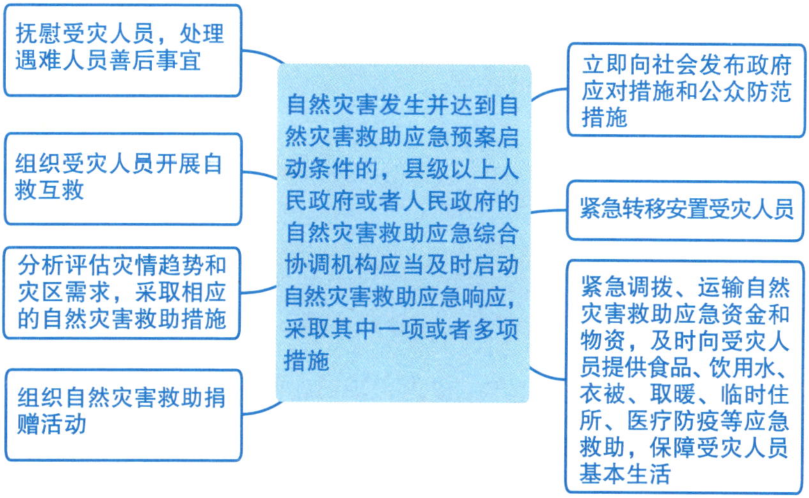

人民政府应采取的自然灾害救助措施

9. 享受最低生活保障的人员有哪些?

◆ 案例分析

朱某是江苏省苏州市某家政公司的员工，朱某的丈夫两年前身患癌症去世。当时，朱某为了给丈夫治病，花光了家里所有的积蓄，还欠下20万元的债务。丈夫去世后，所有的家庭重担落到了朱某一个人身上，她不但要供两个儿子上学，还要照顾年迈的婆婆，家里生活一直非常拮据，每月只有1500元的收入。后来，朱某的儿子听说可以申请低保，这样就可以减轻一点儿家庭负担。于是，朱某到社区居委会咨询，以确认他们是否可以享受最低生活保障。那么请问，享受最低生活保障的条件是什么？

最低生活保障制度是一种社会救济制度，是国家和社会为保障收入难以维持最基本生活的贫困人口的基本生活而建立的。我国《社会救助暂行办法》第9条明确规定了享受最低生活保障的人员范围和条件。本案中，朱某是家中唯一的劳动力，每月只有1500元的收入，人均收入只有375元，低于当地最低生活保障标准。因此，朱某可以申请低保。

◆ 法律条文

《社会救助暂行办法》

第九条 国家对共同生活的家庭成员人均收入低于当地最低生

活保障标准，且符合当地最低生活保障家庭财产状况规定的家庭，给予最低生活保障。

深度解析

最低生活保障制度有利于维护贫困人口的生存权益，是对其生活的一种基本保障。在认定低保对象时，主要看其家庭的经济情况，如劳动力人数、月基本工资等。在日常工作和生活中，居委会人员发现社区有生活特别困难的人员时，应及时了解其是否符合申请低保的基本条件，如果符合，应帮助其申请办理低保手续。

10. 城市低保必须以货币形式给付吗？

◆ 案例分析

张大爷是某市某社区的居民，无儿无女，一直独自居住，主要靠收废品生活。后来，由于年老体弱多病，张大爷无法再继续工作，便失去了经济来源。在社区居委会的帮助下，张大爷申请了低保。今年春节前夕，社区居委会为张大爷送来了现金。张大爷认为，像他这样的老年人行动不便，以后的低保金如果能以发放生活必需品的形式给付就好了，这样他就不用再自己去购买了。那么请问，城市低保是否只能以货币形式给付呢？

货币并不是城市低保待遇的唯一发放形式。城市居民最低生活保障制度是为了解决城市居民的生活困难而建立的，该制度的最终目的是维持生活困难人员的基本生活水平。因此，给付最低生活保障待遇的形式并不局限于货币，有时发放实物可能更有利于帮助保障对象。对此，我国《城市居民最低生活保障条例》第 8 条第 4 款规定，城市居民最低生活保障待遇由管理审批机关以货币形式按月发放；必要时，也可以给付实物，如给低保对象发放米面粮油等也是被允许的。在本案中，社区居委会可以向上级部门反映张大爷的需求，必要时可以以米面粮油等生活必需品作为支付低保的形式。

◆ 法律条文

《城市居民最低生活保障条例》

第八条第四款　城市居民最低生活保障待遇由管理审批机关以货币形式按月发放；必要时，也可以给付实物。

深度解析

城市居民最低生活保障制度，是我国社会保障体系的重要组成部分。将城市居民最低生活保障制度纳入法治化发展轨道，有利于更好地保障城市困难居民的基本生活。然而，在向低保户发放低保待遇时，一定要结合其实际情况。在必要的情况下，是可以给付实物的。但是，给付实物的质量一定要得到保障。

11. 低保条件中的“共同生活”的家庭成员包括哪些人员？

◆ 案例分析

小吴的父母是某企业的员工，家里有六口人。因该企业进行裁员，小吴的父母都下岗了。就在此时，小吴的奶奶又被查出患有肺癌，导致本不富裕的家庭生活更加困难。而小吴的母亲身体也不是很好，需要长期吃药。面对接二连三的打击，小吴的父亲一筹莫展。一次，小吴听说他们可以申请最低生活保障，但是，他并不清楚申请条件中“共同生活”的家庭成员是指哪些人员。

我国《最低生活保障审核确认办法》第 7 条对共同生活的家庭成员作出了明确规定，共同生活的家庭成员包括：（1）配偶；（2）未成年子女；（3）已成年但不能独立生活的子女，包括在校接受全日制本科及以下学历教育的子女；（4）其他具有法定赡养、扶养、抚养义务关系并长期共同居住的人员。在上面的案例中，如果小吴的父亲去申请低保，则小吴的母亲、爷爷、奶奶、小吴等都属于共同生活的家庭成员。

◆ 法律条文

《最低生活保障审核确认办法》

第七条 共同生活的家庭成员包括：

（一）配偶；

（二）未成年子女；

（三）已成年但不能独立生活的子女，包括在校接受全日制本科及以下学历教育的子女；

（四）其他具有法定赡养、扶养、抚养义务关系并长期共同居住的人员。

下列人员不计入共同生活的家庭成员：

（一）连续三年以上（含三年）脱离家庭独立生活的宗教教职人员；

（二）在监狱内服刑、在戒毒所强制隔离戒毒或者宣告失踪人员；

（三）省级人民政府民政部门根据本条原则和有关程序认定的其他人员。

深度解析

在申请低保时，需要注意城市居民的家庭成员的范围是否符合法律规定，应根据法律规定的共同生活的家庭成员的范围去判断家庭人均收入状况是否符合申请低保的条件。

12. 对拟批准的低保户应如何进行公示?

◆ 案例分析

曾某原来是某建筑公司的工人，在一次施工过程中因操作不慎摔伤，导致三级伤残，丧失了劳动能力，无法继续工作。不久，曾某的妻子因无法忍受家庭生活的压力，丢下曾某和年仅 10 岁的女儿离家出走，生活的重担都压在了曾某年迈的母亲身上。后来，曾某申请了低保。低保申请通过之后，居委会告诉曾某，还要对低保户进行公示，之后才可以享受低保待遇。那么请问，对拟批准的低保户应如何进行公示?

我国《最低生活保障审核确认办法》第 19 条规定，乡镇人民政府（街道办事处）应当根据家庭经济状况调查核实情况，提出初审意见，并在申请家庭所在村、社区进行公示。公示期为 7 天。公示期满无异议的，乡镇人民政府（街道办事处）应当及时将申请材料、家庭经济状况调查核实结果、初审意见等相关材料报送县级人民政府民政部门。公示有异议的，乡镇人民政府（街道办事处）应当对申请家庭的经济状况重新组织调查或者开展民主评议。调查或者民主评议结束后，乡镇人民政府（街道办事处）应当重新提出初审意见，连同申请材料、家庭经济状况调查核实结果等相关材料报送县级人民政府民政部门。由此可知，我国对拟批准的低保户实行公示制度，只有公示期满没有异议的，才予以发放低保证，申请人才能享受低保待遇。在本案中，曾某被批准为低保户之后，当地居委会应当在政务公开栏对曾某的基本情况、家庭成员、保障金额等进行公示，7 天公示期满没有异议的，曾某才可以领到低保证。

◆ 法律条文

《最低生活保障审核确认办法》

第十九条　乡镇人民政府（街道办事处）应当根据家庭经济状况调查核实情况，提出初审意见，并在申请家庭所在村、社区进行公示。公示期为7 天。公示期满无异议的，乡镇人民政府（街道办事处）应当及时将申请材料、家庭经济状况调查核实结果、初审意见等相关材料报送县级人民政府民政部门。

公示有异议的，乡镇人民政府（街道办事处）应当对申请家庭的经济状况重新组织调查或者开展民主评议。调查或者民主评议结束后，乡镇人民政府（街道办事处）应当重新提出初审意见，连同申请材料、家庭经济状况调查核实结果等相关材料报送县级人民政府民政部门。

深度解析

最低生活保障制度是为了帮助有困难的居民，应最大限度保障该制度落到实处。公示制度具有公开性、周知性、科学性和民主性，对拟批准低保户进行公示，有利于群众进行监督，避免不符合低保条件的人享受低保待遇，以保证低保制度真正惠及广大困难群众。

13. 在公示低保户时，是否可以将个人隐私也公开？

◆ 案例分析

于某一直从事长途运输工作，然而，在一次运货过程中，于某不幸发生交通事故，导致下半身瘫痪。为了维持家庭生活，于某的妻子不得不外出打工。但是，只靠妻子一个人的工资根本无法维持生活。于是，于某向所在社区居委会申请办理了低保，这才得知还要进行低保公示。于某担心在进行公示时会将自己的个人隐私也公之于众。那么请问，在低保户进行公示时，是否可以公示个人隐私？

隐私权是受到法律保护的，任何人都不得侵犯他人的隐私权。在公示低保户信息时，也不能将个人隐私公开。对此，我国《最低生活保障审核确认办法》第24条规定："县级人民政府民政部门应当在最低生活保障家庭所在村、社区公布最低生活保障申请人姓名、家庭成员数量、保障金额等信息。信息公布应当依法保护个人隐私，不得公开无关信息。"据此可知，在公示过程中，只会公示低保户的姓名、住址、家庭成员等个人基本信息，而不会将属于其个人隐私的内容予以公开。一旦擅自公开他人个人隐私，则会涉及侵权，需要承担相应的民事责任。在上面的案例中，于某无须担心在进行低保公示时，工作人员会将其个人隐私公开。

◆ 法律条文

《最低生活保障审核确认办法》

第二十四条　县级人民政府民政部门应当在最低生活保障家庭所在村、社区公布最低生活保障申请人姓名、家庭成员数量、保障金额等信息。

信息公布应当依法保护个人隐私，不得公开无关信息。

深度解析

隐私权是指自然人享有的私人生活安宁与私人信息秘密依法受到保护，不被他人非法侵扰、知悉、收集、利用和公开的一种人格权。侵扰他人私生活、公开他人隐私的行为，既是不道德的，也是违法的。因此，在公示低保户的信息时，是不允许公开与低保户个人隐私有关的信息的。

14. 享受低保的人员还可以申请医疗救助吗？

◆ 案例分析

因孙某生活非常困难，当地居委会帮助其申请了低保。孙某最近因身体不舒服在医院就医时，又被查出患有肺癌，需要巨额医疗费。然而，孙某根本无力支付手术费用和后期康复费用。此时，孙某的邻居告诉他，可以申请医疗救助。孙某觉得自己已经申请了低保，不知道是否还可以申请医疗救助。那么请问，孙某是否可以申请医疗救助呢？

医疗救助，是指为帮助因贫困而没有经济能力治病的群众，国家和社会对他们提供专门的帮助和支持的一种社会救助方式。关于可以申请医疗救助的人员范围，我国《社会救助暂行办法》第28条规定，下列人员可以申请相关医疗救助：(1) 最低生活保障家庭成员；(2) 特困供养人员；(3) 县级以上人民政府规定的其他特殊困难人员。据此可知，享受最低生活保障的家庭成员可以申请医疗救助。在上面的案例中，孙某享受了低保待遇，后又因治病需要大笔医疗费用，是可以申请医疗救助的。

◆ 法律条文

《社会救助暂行办法》

第二十八条 下列人员可以申请相关医疗救助：

（一）最低生活保障家庭成员；

（二）特困供养人员；

（三）县级以上人民政府规定的其他特殊困难人员。

深度解析

我国建立医疗救助制度的初衷，就是为了使经济困难群体可以享受到基本医疗服务，避免其因经济困难而无法看病就医。低保人员的生活本来就相对比较困难，可能没有经济能力享受基本医疗服务，所以，其可以申请医疗救助，以减轻自己的就医负担。

15. 可以享受特困人员供养待遇的人员包括哪些？供养待遇的内容包括什么？

◆ 案例分析

小东的父母在他很小的时候就离婚了，小东判给了父亲，但父亲又因交通事故早逝，小东就一直与爷爷相依为命。由于小东的爷爷年事已高，无法再照顾小东，于是将小东交给他妈妈抚养。可是，小东的爷爷再也无人相伴，连日常生活都难以维持。小东爷爷的邻居得知情况后告诉小东爷爷，他可以申请特困人员供养待遇。那么请问，小东的爷爷是否可以申请特困人员供养待遇呢？

《社会救助暂行办法》第 14 条规定，国家对下列人员给予特困人员供养：（1）无劳动能力、无生活来源且无法定赡养、抚养、扶养义务人的老年人、残疾人以及未满 16 周岁的未成年人；（2）老年人、残疾人以及未满 16 周岁的未成年人的法定赡养、抚养、扶养义务人无赡养、抚养、扶养能力的。特困供养制度不仅从根本上解决了确实困难人员的基本生存问题，也使该困难群体有了法律上的权益保障。在本案中，小东的爷爷年事已高，既没有劳动能力、生活来源，也没有法定的赡养义务人。因此，他是符合给予供养的特困人员条件的。此外，根据该法第 15 条的规定，特困供养制度的具体内容包括：（1）提供基本生活条件；（2）对生活不能自理的给予照料；（3）提供疾病治疗；（4）办理丧葬事宜。因此，小东的爷爷享受特困供养后，就会有专门的机关为其提供基本生活、医疗待遇，照顾其生活起居，百年之后，还会为其办理丧葬事宜。

◆ 法律条文

《社会救助暂行办法》

第十四条　国家对无劳动能力、无生活来源且无法定赡养、抚养、扶养义务人，或者其法定赡养、抚养、扶养义务人无赡养、抚养、扶养能力的老年人、残疾人以及未满16周岁的未成年人，给予特困人员供养。

第十五条　特困人员供养的内容包括：

（一）提供基本生活条件；

（二）对生活不能自理的给予照料；

（三）提供疾病治疗；

（四）办理丧葬事宜。

特困人员供养标准，由省、自治区、直辖市或者设区的市级人民政府确定、公布。

特困人员供养应当与城乡居民基本养老保险、基本医疗保障、最低生活保障、孤儿基本生活保障等制度相衔接。

深度解析

为了保障无劳动能力、无生活来源且无近亲属的鳏寡孤独及重度残疾等特困人员的基本生活条件，使他们得到必要的照料，我国建立了特困人员供养制度。各地政府及民政部门还积极探索特困人员供养衔接制度，确保真正实现“老有所养”“老有所依”。

16. 街道办有责任发现特困供养人员吗？

◆ 案例分析

赵某原来是某单位的一名员工，后来因单位改制下岗待业。受年龄的限制，赵某一直没有找到合适的工作。赵某的妻子因不堪忍受生活贫困而选择与其离婚，离婚后，赵某一直独自生活。前不久，赵某在打零工的路上发生交通事故，造成二级伤残。赵某受伤后，一直靠朋友们接济、照料。后来，赵某的朋友找到其所在的街道办事处，告诉他们赵某的情况，并且称他们作为社区工作人员应当主动发现特困供养人员，给予他们帮助。那么请问，街道办是否有责任发现特困供养人员呢？

《社会救助暂行办法》第 17 条的规定：“乡镇人民政府、街道办事处应当及时了解掌握居民的生活情况，发现符合特困供养条件的人员，应当主动为其依法办理供养。”由此可知，乡镇人民政府、街道办事处等基层部门及其工作人员有义务及时发现特困供养人员并主动为他们办理相关的供养手续，以使他们的生活尽快得到保障。在上面的案例中，赵某朋友的说法是正确的。

◆ 法律条文

《社会救助暂行办法》

第十七条　乡镇人民政府、街道办事处应当及时了解掌握居民的生活情况，发现符合特困供养条件的人员，应当主动为其依法办理供养。

深度解析

街道办事处作为为群众服务的组织，应当及时掌握其所服务社区相关人员的状况，及时帮助有困难的群众。尤其是在社会救助工作中，街道办事处更应当遵循公开、公平、及时的原则，制定多项方便求助措施，畅通申请、受理渠道，以确保困难群众“求助有门”。

17. 特困供养人员必须在供养服务机构集中生活吗？

◆ 案例分析

徐某是一名残疾人，原来一直由父母照顾。后来，徐某的父母先后因病去世，徐某也因此失去了生活来源。于是，她向居委会申请特困供养。徐某的申请被批准后，居委会让徐某到当地的供养服务机构集中供养。可是，徐某觉得自己虽然是残疾人，但是基本生活可以自理，而且习惯了一个人生活，不想参加集中供养。那么请问，特困供养人员可以自己在家生活吗？

特困供养人员可以选择自己在家生活。对此，《社会救助暂行办法》第19条规定："特困供养人员可以在当地的供养服务机构集中供养，也可以在家分散供养。特困供养人员可以自行选择供养形式。"可见，特困供养人员的供养形式分为两种，即集中供养和分散供养。特困供养人员可以根据自己的实际情况，自主选择采用何种供养形式。在本案中，徐某可以选择自己在家生活，并非必须到社区服务机构参加集中供养。

◆ 法律条文

《社会救助暂行办法》

第十九条　特困供养人员可以在当地的供养服务机构集中供养，也可以在家分散供养。特困供养人员可以自行选择供养形式。

深度解析

国家为生活困难的人员提供了特困供养制度，至于供养的方式则尊重特困供养人员的自由意志，最大限度地方便特困供养人员的生产与生活。在符合条件的居民申请成为特困供养人员后，他们有自己选择供养形式的权利。如果愿意在家分散供养的，应当允许其在家生活，社区工作人员应尊重他们的意愿。

18. 在社区服务工作中，残疾人可以优先就业吗？

◆ 案例分析

小方原来在某百货公司做营业员，一次外出旅游时，她被广告牌砸伤，失去了双腿。后来，小方一直没有找到合适的工作。前不久，小方所在的社区组织未就业人员参加保健培训班，为了能够再就业，小方报名参加了此次培训。在培训班上，小方听说，如果有公益性岗位，残疾人有优先就业的机会。小方当场便向居委会工作人员进行咨询。但是，社区工作人员杜某称，他也不是很清楚，需要帮小方确认一下。那么请问，在社区服务工作中，残疾人可以优先就业吗？

《残疾人就业条例》第 15 条规定，县级以上人民政府当采取措施，拓宽残疾人就业渠道，开发适合残疾人就业的公益性岗位，保障残疾人就业，并且要发展社区服务事业，优先考虑残疾人就业。由此可知，在同等的条件下，对于社区开展的服务事业，残疾人是享有优先就业权的。在本案中，小方是残疾人，其参加培训班后，如果社区有公益性岗位，她是享有优先就业的权利的。

◆ 法律条文

《残疾人就业条例》

第十五条　县级以上人民政府应当采取措施，拓宽残疾人就业渠道，开发适合残疾人就业的公益性岗位，保障残疾人就业。

县级以上地方人民政府发展社区服务事业，应当优先考虑残疾人就业。

深度解析

所谓残疾人就业优先权，是指对于残疾人和健全人都可以胜任的工作，在同等条件下应优先保障残疾人就业的权利。在实际就业过程中，残疾人可能会受到某种程度的限制，但是对于政府发展的社区服务事业，必须优先考虑残疾人，保障残疾人就业。

19. 可以给予哪些人教育救助?

◆ 案例分析

小新与妹妹是双胞胎，其父亲因意外事故去世，两人一直与母亲相依为命。由于家庭生活非常困难，在当地居委会的帮助下，小新两姐妹与母亲申请了低保待遇。一家人一直靠低保勉强维持生活。今年，小新与妹妹同时考入重点高中，可是，母亲无力为她们缴纳学费。对此，小新的母亲非常难过，小新两姐妹为了减轻母亲的负担，都说不要上学了。后来，小新的同学得知了她的情况，告诉她，她和妹妹可以申请教育救助。那么请问，小新与妹妹可以申请教育救助吗？哪些人可以得到教育救助？

小新与妹妹可以申请教育救助。《社会救助暂行办法》第 33 条规定：“国家对在义务教育阶段就学的最低生活保障家庭成员、特困供养人员，给予教育救助。对在高中教育（含中等职业教育）、普通高等教育阶段就学的最低生活保障家庭成员、特困供养人员，以及不能入学接受义务教育的残疾儿童，根据实际情况给予适当教育救助。”由此可知，上述三类人员，可以申请教育救助，以满足其继续接受教育的愿望和需求。在上面的案例中，小新与妹妹是最低生活保障家庭成员，可以申请教育救助。在获得批准后，国家会根据实际情况给予适当救助，缓解小新一家两姐妹上学的教育费用压力。

◆ 法律条文

《社会救助暂行办法》

第三十三条 国家对在义务教育阶段就学的最低生活保障家庭成员、特困供养人员，给予教育救助。

对在高中教育（含中等职业教育）、普通高等教育阶段就学的最低生活保障家庭成员、特困供养人员，以及不能入学接受义务教育的残疾儿童，根据实际情况给予适当教育救助。

深度解析

为了使最低生活保障的家庭成员、特困供养人员的受教育问题得到改善，我们国家建立了教育救助制度。针对不同阶段的教育救助，提供的待遇可能是不同的。对于案例中这类人员在义务教育阶段就学，国家是全部给予教育救助的，而对于高中教育、高等教育阶段就学的教育救助，是根据具体实际情况予以确定的。

20. 聚众哄抢救灾物资会承担何种法律责任？

◆ 案例分析

南方某地突发洪水，很多居民的住所被洪水淹没，受灾情况十分严重。灾害发生之后，省委省政府高度重视，立即调拨了一批生活用品紧急送往当地。物资到达之后，救援工作人员开始为居民进行发放。有的居民害怕得不到物资，便几个人商量好一起哄抢。其他人看到有人抢，也开始争抢，造成现场秩序非常混乱。后来几经工作人员的劝说，才逐渐恢复了秩序。那么请问，聚众哄抢救灾物资的人是否要承担法律责任呢？他们将受到什么处罚？

聚众哄抢救灾物资是一种违法行为，情节严重的，可能会承担刑事责任。对此，我国《自然灾害救助条例》第 31 条规定，抢夺或者聚众哄抢自然灾害救助款物或者捐赠款物的，由县级以上人民政府应急管理部门责令停止违法行为；构成违反治安管理行为的，由公安机关依法给予治安管理处罚；构成犯罪的，依法追究刑事责任。据此可知，聚众哄抢物资违反治安管理秩序的，承担治安处罚；构成犯罪的，将会受到刑事处罚。在本案中，某地的居民因为受到自然灾害影响，在救助物资到达后，急于分得物资，便与他人一起哄抢。对于他们的这种行为，虽然在情理上可以予以理解和宽容，但毕竟违反了我国法律规定，破坏了救援秩序，因此，民政部门应责令其停止哄抢行为。如果情节比较严重，其可能会受到治安管理处罚，甚至还可能受到刑事处罚。因此，面对自然灾害，一定要相信政府，听从政府的指挥。

◆ 法律条文

《自然灾害救助条例》

第三十一条 抢夺或者聚众哄抢自然灾害救助款物或者捐赠款物的，由县级以上人民政府应急管理部门责令停止违法行为；构成违反治安管理行为的，由公安机关依法给予治安管理处罚；构成犯罪的，依法追究刑事责任。

深度解析

救灾物资是为缓解群众的困境调配的，一旦遭遇哄抢将会造成整个秩序的混乱。因此，在进行物资发放时，所有人都应当遵守秩序，保障有序领取；否则，将会受到法律的惩罚。

第四章
人身人格权利保护法律知识

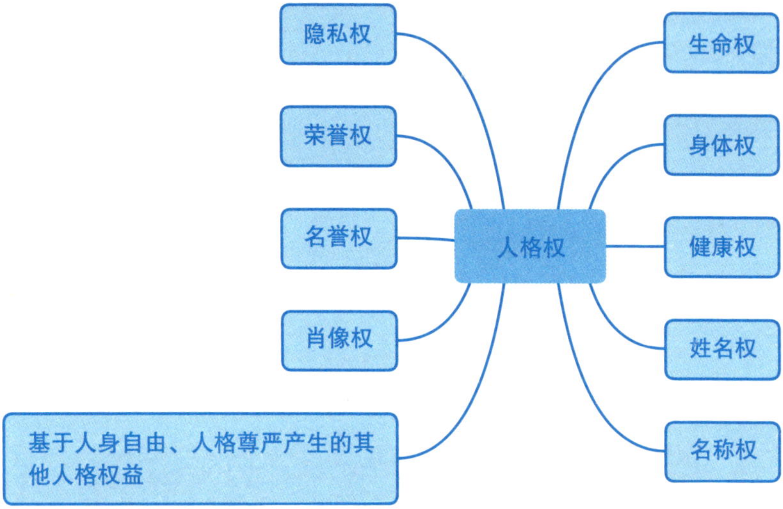

人格权包含的内容

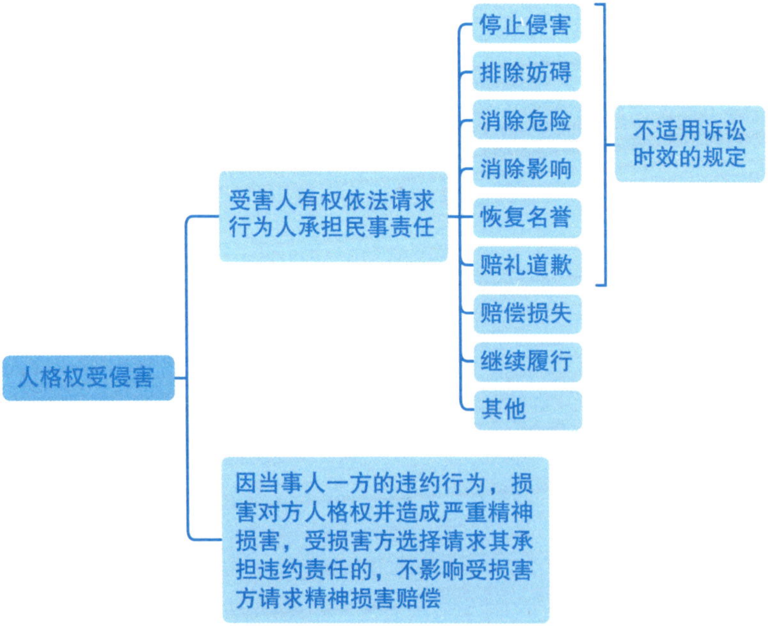

侵害他人人格权应承担的责任

- 肖像权
  - 需经肖像权人同意的情形
    - 制作、使用、公开肖像权人的肖像，但是法律另有规定的除外
    - 肖像作品权利人以发表、复制、发行、出租、展览等方式使用或者公开肖像权人的肖像
  - 可以不经肖像权人同意的情形（合理实施）
    - 为个人学习、艺术欣赏、课堂教学或者科学研究，在必要范围内使用肖像权人已经公开的肖像
    - 为实施新闻报道，不可避免地制作、使用、公开肖像权人的肖像
    - 为依法履行职责，国家机关在必要范围内制作、使用、公开肖像权人的肖像
    - 为展示特定公共环境，不可避免地制作、使用、公开肖像权人的肖像
    - 为维护公共利益或者肖像权人合法权益，制作、使用、公开肖像权人的肖像的其他行为

肖像权的行使

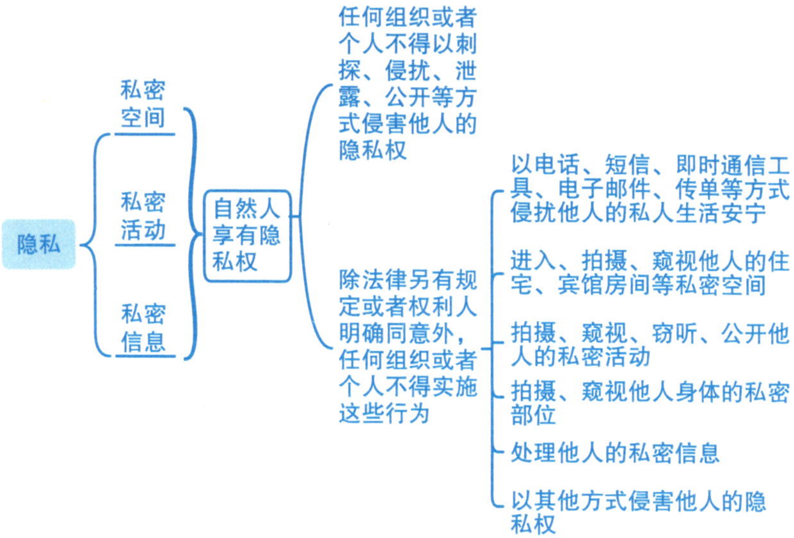

隐私的含义及相关规范

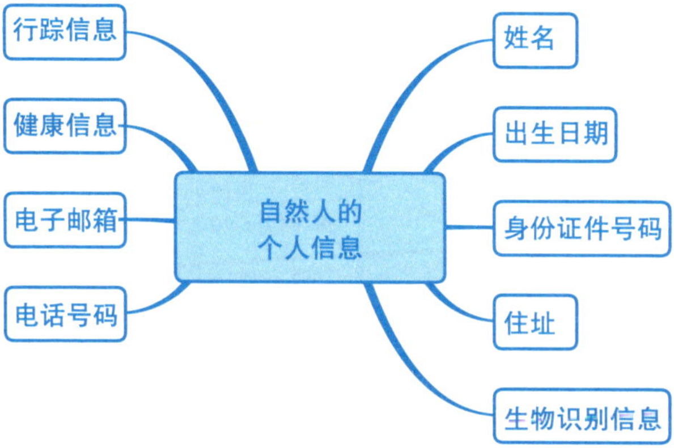

自然人的个人信息

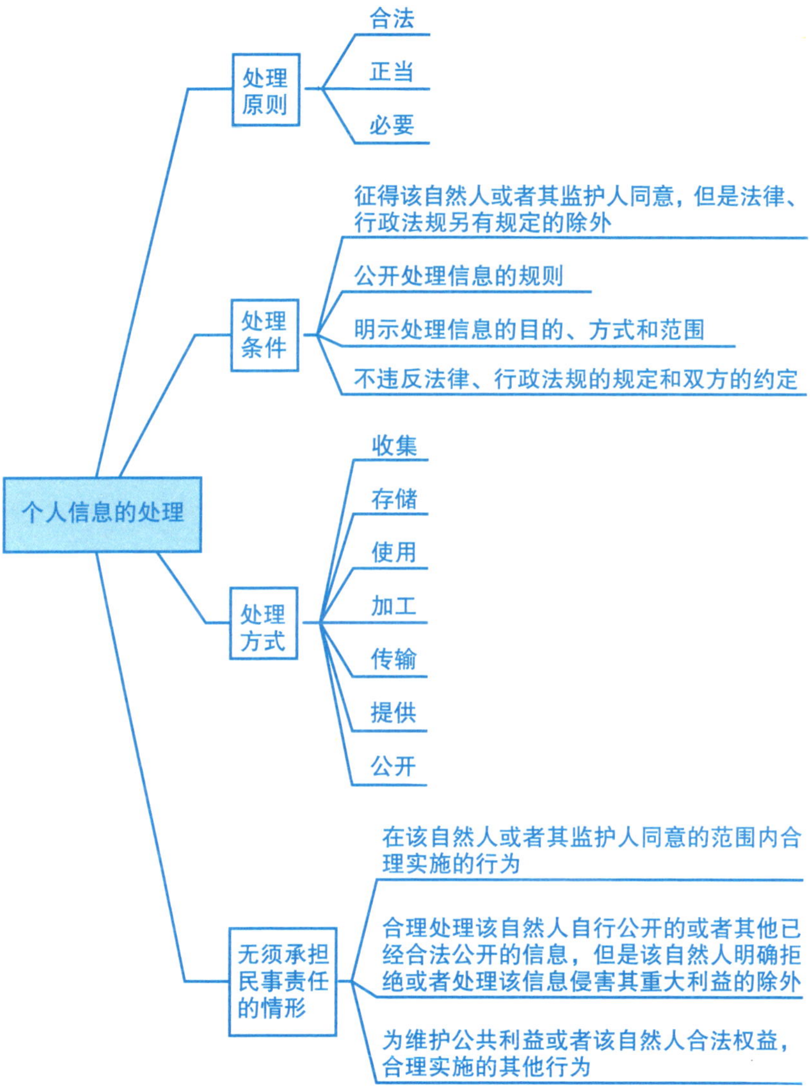
个人信息的处理
处理原则
合法
正当
必要
处理条件
征得该自然人或者其监护人同意，但是法律、行政法规另有规定的除外
公开处理信息的规则
明示处理信息的目的、方式和范围
不违反法律、行政法规的规定和双方的约定
处理方式
收集
存储
使用
加工
传输
提供
公开
无须承担民事责任的情形
在该自然人或者其监护人同意的范围内合理实施的行为
合理处理该自然人自行公开的或者其他已经合法公开的信息，但是该自然人明确拒绝或者处理该信息侵害其重大利益的除外
为维护公共利益或者该自然人合法权益，合理实施的其他行为

个人信息的处理

21. 高楼上坠落的物体伤到行人，应当由谁承担责任？

◆ 案例分析

一天，在下班回家的路上，林某正在路边行走，突然旁边的高楼上掉落一个花盆，砸到了林某的肩膀，导致其肩部骨折受伤。检查、治疗、补充营养等花费了一大笔钱。后林某的家属报警，希望找到抛下花盆的责任者。但警察未找到相关人员。于是林某及其家属要求承包该高楼的物业公司承担责任。物业公司认为他们的外墙都设置了防盗网，花盆根本无法落下，此次事件与他们无关。那么，高楼上坠落的物体伤到行人，究竟应当由谁来承担责任呢？

高楼上坠落的物体伤到行人，如果能够查到直接责任者，当然应当由直接责任者承担责任。但现实中，有很多无法查明直接责任者的情况，此时应当由谁来担责呢？对此，我国《民法典》第1254条规定："禁止从建筑物中抛掷物品。从建筑物中抛掷物品或者从建筑物上坠落的物品造成他人损害的，由侵权人依法承担侵权责任；经调查难以确定具体侵权人的，除能够证明自己不是侵权人的外，由可能加害的建筑物使用人给予补偿。可能加害的建筑物使用人补偿后，有权向侵权人追偿。物业服务企业等建筑物管理人应当采取必要的安全保障措施防止前款规定情形的发生；未采取必要的安全保障措施的，应当依法承担未履行安全保障义务的侵权责任。发生本条第一款规定的情形的，公安等机关应当依法及时调查，查清责任人。”

因此，在本案中，由于无法查明直接责任人，原则上应当由该栋高楼中可能加害的建筑物使用人给予补偿，但是，能够证明自己不是侵权人的则不用予以补偿。同时，如果物业采取了必要的安全保障义务，则无须承担责任。

◆ 法律条文

《中华人民共和国民法典》

第一千二百五十四条　禁止从建筑物中抛掷物品。从建筑物中抛掷物品或者从建筑物上坠落的物品造成他人损害的，由侵权人依法承担侵权责任；经调查难以确定具体侵权人的，除能够证明自己不是侵权人的外，由可能加害的建筑物使用人给予补偿。可能加害的建筑物使用人补偿后，有权向侵权人追偿。

物业服务企业等建筑物管理人应当采取必要的安全保障措施防止前款规定情形的发生；未采取必要的安全保障措施的，应当依法承担未履行安全保障义务的侵权责任。

发生本条第一款规定的情形的，公安等机关应当依法及时调查，查清责任人。

深度解析

在高楼坠落物体伤到行人的情况下，首先应当查明直接责任者，由其赔偿；如果无法查明的，则应当由该楼中所有可能的坠落物体使用者共同对受害人予以补偿。除此之外，物业在平时就应当采取相应的安全保障措施，防止发生高空坠物的危险，否则事件发生后也应当承担相应的责任。

22. 帮助他人却使自己受损，可以要求受益人补偿吗？

◆ 案例分析

曹某和赵某是邻居。一天晚上，曹某隐约看见隔壁冒出火光，定睛一看，原来是赵某家意外失火，随即曹某又听见赵某家传出呼救声，便赶忙跑出来，强行撞门，闯入赵某家救出赵某。在此过程中，曹某自己也受了轻伤，后去医院进行治疗，花费了将近 2000 元的医药费。后查明赵某家是意外失火。那么，对于这部分医药费的支出，曹某是否可以要求赵某补偿呢？

因为赵某为曹某所救，所以曹某可以要求赵某承担部分医药费。我国《民法典》第 183 条规定："因保护他人民事权益使自己受到损害的，由侵权人承担民事责任，受益人可以给予适当补偿。没有侵权人、侵权人逃逸或者无力承担民事责任，受害人请求补偿的，受益人应当给予适当补偿。"也就是说，因帮助他人或者保护他人的人身权益而使自己受到损害的，在没有侵权人、侵权人逃逸或无力承担责任的情况下，见义勇为的人有权请求受益人予以适当补偿。

本案中，曹某为救出赵某，强行闯入失火的赵某家，于火场之中救出赵某，在此过程中自己也受了伤。而由于赵某家是意外失火，并不存在侵权人，因此曹某可以请求受益人赵某对自己的医药费予以适当补偿，并且赵某也应当予以补偿。如果赵某不愿意承担医药费，曹某可以提起诉讼要求赵某补偿。

◆ 法律条文

《中华人民共和国民法典》

第一百八十三条 因保护他人民事权益使自己受到损害的，由侵权人承担民事责任，受益人可以给予适当补偿。没有侵权人、侵权人逃逸或者无力承担民事责任，受害人请求补偿的，受益人应当给予适当补偿。

深度解析

在日常生活中，大家在见义勇为的同时，也要注意保护自己不要受到伤害。因为见义勇为受到伤害的，除了可以要求侵权人赔偿以外，受益人也可以适当补偿。如果没有侵权人、找不到侵权人或者侵权人无力赔偿的，受益人应当予以补偿。如果侵权人和受益人拒绝赔偿、补偿的，大家可以拿起法律武器来维护自己的合法权益。

23. 动物致人损害，应当由谁来承担赔偿责任？

◆ 案例分析

朱某在人行道散步时，发现有一只金毛犬正趴在旁边店铺的台阶上。此金毛犬名叫“小小”，由戴某饲养，并没有拴绳和戴防咬器具。小小看见朱某从旁边经过，突然站起来向朱某的方向走了两步，此时朱某与小小相隔两米左右。朱某见小小靠近，有点不安，便往旁边走了几步，没想到小小朝着朱某扑了过来。朱某惊慌之下跑了起来，在被小小追赶的过程中，被路边的石头绊倒导致小腿骨折，为此花费医药费六千余元。事后，朱某找到戴某要求赔偿，戴某应当赔偿朱某的损失吗？

违反相关管理规定，没有对动物采取安全措施造成他人损害的，动物饲养人或者管理人应当承担侵权责任。我国各地都有根据具体状况制定的相应管理规定，动物饲养人或者管理人应当按照要求管理好自己的宠物。对此，《动物防疫法》第30条第1款、第2款规定：“单位和个人饲养犬只，应当按照规定定期免疫接种狂犬病疫苗，凭动物诊疗机构出具的免疫证明向所在地养犬登记机关申请登记。携带犬只出户的，应当按照规定佩戴犬牌并采取系犬绳等措施，防止犬只伤人、疫病传播。”《民法典》第1246条规定：“违反管理规定，未对动物采取安全措施造成他人损害的，动物饲养人或者管理人应当承担侵权责任；但是，能够证明损害是因被侵权人故意造成的，可以减轻责任。”也就是说，动物的饲养人、管理人如果违反了相关管理规定，其动物造成他人损害的，除非能够证明该损害由受害人故意造成，否则应当对损害进行赔偿。

本案中，戴某并没有按照相应的管理规定对小小进行饲养，戴某对于小小也没有采取任何的安全管理措施，没有拴绳和戴防咬器具，最终小小的行动吓到朱某，导致朱某摔倒受伤。显然，朱某并没有挑衅或者逗弄小小，所以朱某并非故意造成该事件。因此，戴某作为金毛犬小小的饲养人，依法应当赔偿朱某的损失。

◆ 法律条文

《中华人民共和国民法典》

第一千二百四十六条 违反管理规定，未对动物采取安全措施造成他人损害的，动物饲养人或者管理人应当承担侵权责任；但是，能够证明损害是因被侵权人故意造成的，可以减轻责任。

《动物防疫法》

第三十条 单位和个人饲养犬只，应当按照规定定期免疫接种狂犬病疫苗，凭动物诊疗机构出具的免疫证明向所在地养犬登记机关申请登记。

携带犬只出户的，应当按照规定佩戴犬牌并采取系犬绳等措施，防止犬只伤人、疫病传播。

街道办事处、乡级人民政府组织协调居民委员会、村民委员会，做好本辖区流浪犬、猫的控制和处置，防止疫病传播。

县级人民政府和乡级人民政府、街道办事处应当结合本地实际，做好农村地区饲养犬只的防疫管理工作。

饲养犬只防疫管理的具体办法，由省、自治区、直辖市制定。

深度解析

近年来，饲养动物的情况越发常见。大家如果将动物带到公众场所，应当按照规定佩戴犬牌并采取系犬绳等措施，防止犬只伤人、疫病传播。一定要注意对动物采取一定的安全措施，以免误伤他人。由于没有对动物采取管理措施而致人损害的，除非是受害者自己故意造成的，否则应当由动物的饲养人或者管理人承担侵权责任，赔偿相应的损失。因此，对自己管理的动物采取安全保护措施，既是对自己负责，也是对他人负责。

24. 孩子被人教唆伤害了别人，谁来承担责任？

◆ 案例分析

一天，某小学六年级一班的小刚（11 岁半）与同学小健发生口角。回家后，小刚与母亲谈论起此事，小刚母亲劝小刚回去道歉，并要求他以后和同学友好相处。小刚应下母亲后，越想越气，便四处与朋友们抱怨该事。后来，这件事传到了小刚在外认识的“大哥哥”大强（已满 18 岁）耳朵里。大强非常愤怒，对小刚说：“明天哥给你镇场子，你去把小健教训一顿。”第二天，小刚在大强的鼓动下，揍了小健一顿，导致小健左臂骨折。那么，如果孩子被人教唆伤害了别人，应当由谁来承担责任呢？

小刚还在上六年级，未满 12 周岁，是限制民事行为能力人。对于限制民事行为能力人侵权，我国《民法典》第 1188 条第 1 款规定：“无民事行为能力人、限制民事行为能力人造成他人损害的，由监护人承担侵权责任。监护人尽到监护职责的，可以减轻其侵权责任。”因此，无民事行为能力人、限制民事行为能力人侵权的，应当由其监护人承担侵权责任。并且，如果监护人已经尽到了监护职责，则可以减轻监护责任。

另外，我国《民法典》第 1169 条第 2 款还规定：“教唆、帮助无民事行为能力人、限制民事行为能力人实施侵权行为的，应当承担侵权责任；该无民事行为能力人、限制民事行为能力人的监护人未尽到监护职责的，应当承担相应的责任。”也就是说，教唆无民事行为能力人、限制民事行为能力人侵权的，教唆者也应当承担侵权责任。

在上面的案例中，小刚未成年，还是限制民事行为能力人，他在大强的教唆下打伤了小健。首先，该侵权责任应当由其监护人即小刚的父母承担，但由于小刚母亲对小刚进行过劝说，尽到了一定的监护责任，故可以减轻相应的责任。其次，小刚对小健实施暴力行为，是基于大强的教唆，因此，大强应当为小刚的侵权行为承担责任。综上所述，小刚的父母和大强都需要为小刚的侵权行为承担责任，对小健进行赔偿。其中，大强的赔偿责任要大于小刚父母的赔偿责任。

◆ 法律条文

《中华人民共和国民法典》

第一千一百六十九条　教唆、帮助他人实施侵权行为的，应当与行为人承担连带责任。

教唆、帮助无民事行为能力人、限制民事行为能力人实施侵权行为的，应当承担侵权责任；该无民事行为能力人、限制民事行为能力人的监护人未尽到监护职责的，应当承担相应的责任。

第一千一百八十八条第一款　无民事行为能力人、限制民事行为能力人造成他人损害的，由监护人承担侵权责任。监护人尽到监护职责的，可以减轻其侵权责任。

深度解析

作为无民事行为能力人、限制民事行为能力人的监护人，家长一定要对自己的孩子或者家人多加看管照顾，否则一旦他们做出伤害他人的事，就应当由监护人来承担责任。如果监护人尽到了监护职责，可以减轻监护责任。另外，大家作为认知能力完好的完全民事行为能力人，一定要给无民事行为能力人、限制民事行为能力人带好头、做好榜样，不要教唆他们做伤害他人的事，否则，侵权责任将会由教唆者自己承担。

25. 为孩子取名时，夫妻俩可以选择他们自己姓氏之外的姓氏吗？

◆ 案例分析

小李和阿莉刚生下一个小女孩，由于阿莉在孕中基本由婆婆俞某在照顾，也多亏了婆婆俞某尽心尽力的照顾，阿莉最后才能够顺利地生下小宝宝。因此，阿莉和小李就商量着想让宝宝随婆婆俞某姓，以纪念婆婆的无私奉献，也感激婆婆的忙里忙外。那么，小李和阿莉可以为小宝宝取他们夫妻俩姓氏之外的姓氏吗？

现今社会越来越开放，对孩子取名的事情，父母们也有越来越多的想法。事实上，大家能够为孩子选择双亲之外的姓氏。对此，我国《民法典》第1015条有明文规定："自然人应当随父姓或者母姓，但是有下列情形之一的，可以在父姓和母姓之外选取姓氏：（一）选取其他直系长辈血亲的姓氏；（二）因由法定扶养人以外的人扶养而选取扶养人姓氏；（三）有不违背公序良俗的其他正当理由。少数民族自然人的姓氏可以遵从本民族的文化传统和风俗习惯。"因此，虽然在一般情况下孩子仍然应该随父母姓，但出现上述三种情形的时候，就可以为孩子选择双亲之外的姓氏。事实上，不仅小宝宝，如果其他自然人想要为自己选择父母之外的姓氏，符合上述条件也可以。

在上面的案例中，阿莉为感激婆婆俞某的悉心照料，想要让宝宝随奶奶姓。而奶奶俞某是小宝宝的直系长辈血亲，因此，小李和阿莉可以为小宝宝选择“俞”这一姓氏。

◆ 法律条文

《中华人民共和国民法典》

第一千零一十五条 自然人应当随父姓或者母姓，但是有下列情形之一的，可以在父姓和母姓之外选取姓氏：

（一）选取其他直系长辈血亲的姓氏；

（二）因由法定扶养人以外的人扶养而选取扶养人姓氏；

（三）有不违背公序良俗的其他正当理由。

少数民族自然人的姓氏可以遵从本民族的文化传统和风俗习惯。

深度解析

现在，我们的取名自由度已经越来越高了，大家可以在父母之外选择姓氏。但是需要满足下列三个条件之一：（1）选取其他直系长辈血亲的姓氏；（2）因由法定扶养人以外的人扶养而选取扶养人姓氏；（3）有不违背公序良俗的其他正当理由。只要满足了这三个条件之一，就可以在父母姓氏之外选择姓氏了。

26. 不经肖像权人同意使用其肖像的，都构成侵权吗？

◆ 案例分析

县里受到暴雨袭击，洪灾严重。阿露是某报社的记者，被外派进行抗洪救灾的取材报道。在拍摄过程中，她不可避免地拍到了特搜队一名队员陈某的长相。后来，阿露在某日报上发表了关于抗洪救灾的报道，用到了有陈某的照片。陈某看到该篇报道，认为阿露和报社不应当不经自己的同意就将照片刊登在日报上。那么，阿露的行为是否侵犯了陈某的肖像权？不经肖像权人同意使用他人肖像的，都构成侵权吗？

实际上，未经肖像权人同意使用他人肖像，不一定都会构成侵权。对此，我国《民法典》第 1020 条规定：“合理实施下列行为的，可以不经肖像权人同意：（一）为个人学习、艺术欣赏、课堂教学或者科学研究，在必要范围内使用肖像权人已经公开的肖像；（二）为实施新闻报道，不可避免地制作、使用、公开肖像权人的肖像；（三）为依法履行职责，国家机关在必要范围内制作、使用、公开肖像权人的肖像；（四）为展示特定公共环境，不可避免地制作、使用、公开肖像权人的肖像；（五）为维护公共利益或者肖像权人合法权益，制作、使用、公开肖像权人的肖像的其他行为。”也就是说，虽然经过同意才能使用他人肖像是原则，但是如果满足上述几种情形，就会构成对肖像的合理使用。在合理使用的情况下，即便未经过肖像权人同意，也不构成侵权。

在本案中，记者阿露为报道抗洪救灾的情形，使用了陈某的照片，属于为实施新闻报道，不可避免地制作、使用、公开肖像权人肖像的行为，构成了对他人肖像的合理使用。因此，阿露和报社虽然没有取得陈某的同意，但使用陈某肖像的行为不构成侵权。

◆ 法律条文

《中华人民共和国民法典》

第一千零二十条 合理实施下列行为的，可以不经肖像权人同意：

（一）为个人学习、艺术欣赏、课堂教学或者科学研究，在必要范围内使用肖像权人已经公开的肖像；

……

深度解析

原则上，使用他人肖像的，需要经过他人的同意，否则将侵犯他人的肖像权。但如果该使用行为构成合理使用的，则不构成侵权。因此，大家在需要使用他人肖像的场合，应当注意该使用行为能否构成合理使用。不构成合理使用的，可能构成侵权，从而需要承担相应的责任。在构成合理使用的情况下，使用人应当注意保留构成合理使用的相关证据，一旦日后有纠纷发生，可以留作备用。当然，使用人也应当注意不能将“合理使用的范围”扩大化。

27. 哪些个人信息受到法律保护？

◆ 案例分析

有一天，小徐接到了一个诈骗电话。虽然骗子的伎俩非常拙劣，被小徐一眼看穿，但骗子在诱骗小徐上套的过程中，不经意间说出了很多他的个人信息，包括姓名、生日、住址、车牌号、家属姓名等。挂了电话后，小徐意识到骗子非常了解他的个人信息，不禁出了一身冷汗。小徐心想，一定是他的个人信息从哪里泄露了，随即报警。那么，哪些个人信息受到法律保护呢？

公民的个人信息当然受到法律保护。对于受到法律保护的个人信息的范围，我国法律有明文规定。我国《民法典》第 1034 条第 2 款、第 3 款规定："个人信息是以电子或者其他方式记录的能够单独或者与其他信息结合识别特定自然人的各种信息，包括自然人的姓名、出生日期、身份证件号码、生物识别信息、住址、电话号码、电子邮箱、健康信息、行踪信息等。个人信息中的私密信息，适用有关隐私权的规定；没有规定的，适用有关个人信息保护的规定。"因此，以上个人信息明确受到法律保护。同时，对于个人信息中的私密信息，可以适用隐私权的相关规定。也就是说，泄露他人个人信息的，可能同时侵犯到他人的隐私权。

在本案中，虽然不知道是谁泄露了小徐的个人信息，但是小徐的个人信息应当受到法律的保护。在警察查明泄露者后，泄露者应当承担相应的责任。

◆ 法律条文

《中华人民共和国民法典》

第一千零三十二条 自然人享有隐私权。任何组织或者个人不得以刺探、侵扰、泄露、公开等方式侵害他人的隐私权。

隐私是自然人的私人生活安宁和不愿为他人知晓的私密空间、私密活动、私密信息。

第一千零三十四条 自然人的个人信息受法律保护。

个人信息是以电子或者其他方式记录的能够单独或者与其他信息结合识别特定自然人的各种信息，包括自然人的姓名、出生日期、身份证件号码、生物识别信息、住址、电话号码、电子邮箱、健康信息、行踪信息等。

个人信息中的私密信息，适用有关隐私权的规定；没有规定的，适用有关个人信息保护的规定。

深度解析

法律保护我们的个人信息，并对应当受到保护的信息作出了明确的规定。在该前提下，一方面，如果我们发现自己的个人信息泄露，一定要拿起法律武器来保护自己，要求侵权人承担相应的责任；另一方面，我们在需要使用他人信息的场合应当慎重，以免不当泄露他人信息，甚至侵犯他人隐私。

第五章 房屋物业法律知识

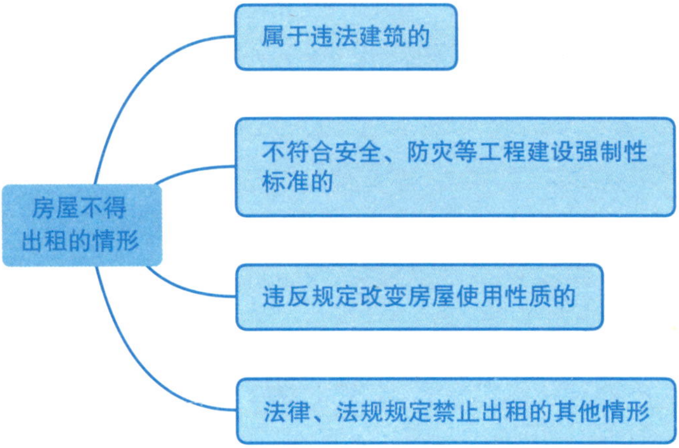

房屋不得出租的情形

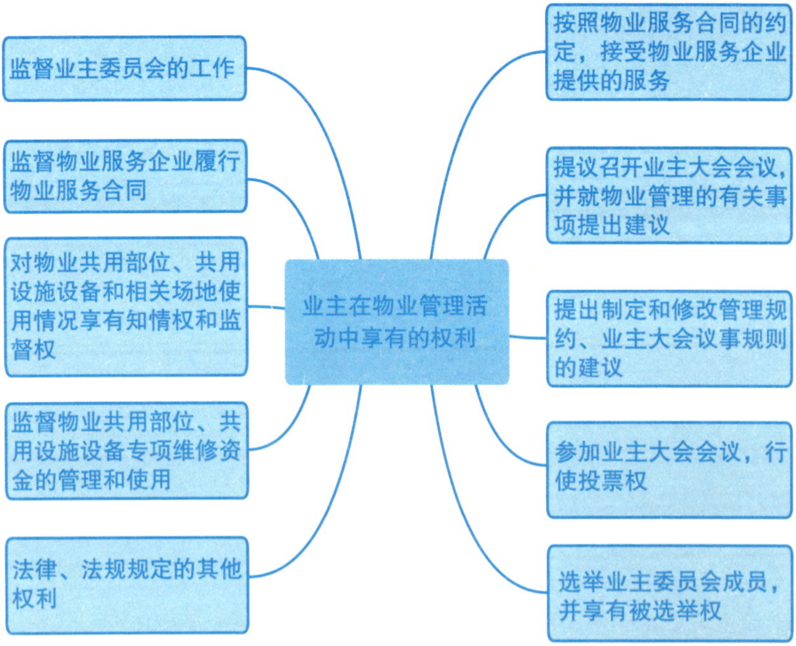

业主在物业管理活动中享有的权利

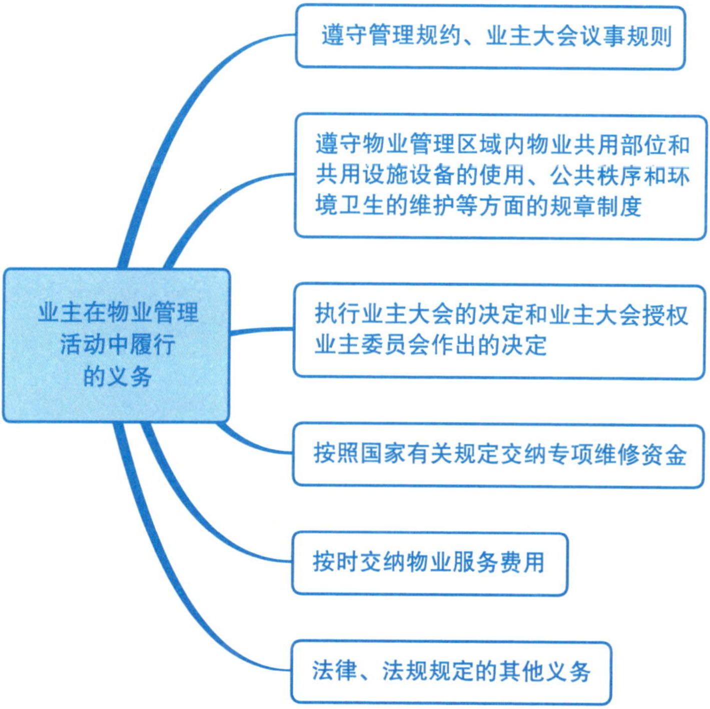

业主在物业管理活动中履行的义务

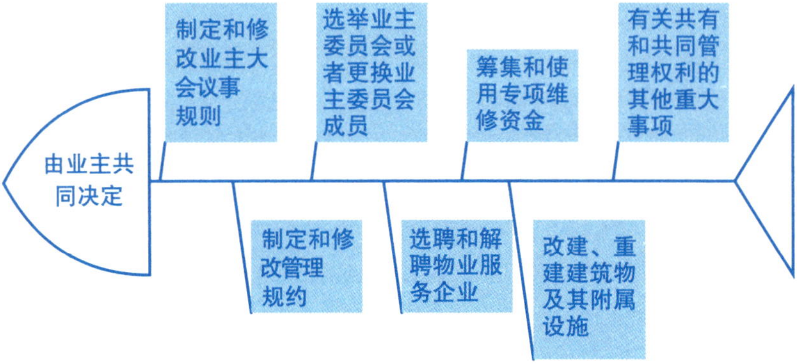

由业主共同决定的事项

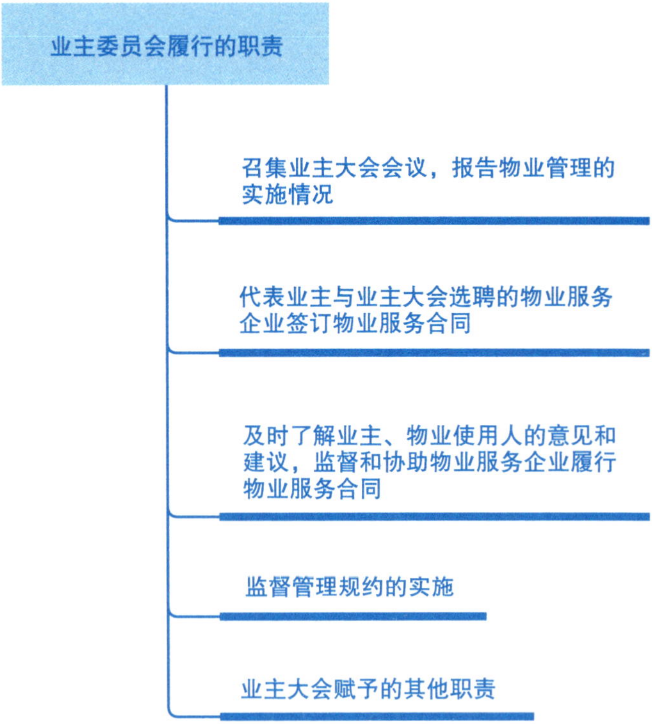

业主委员会履行的职责

28. 解聘物业管理公司需要业主共同决定吗?

◆ 案例分析

×小区业委会与南京某物业公司签订了物业管理合同，业委会委托该公司对所在小区提供物业管理服务。但是，在服务过程中，物业公司的某些服务环节不到位，很多业主对此不满意，提议解聘该物业公司。那么，解聘物业公司这件事应该谁说了算？业主们共同决定的事项又有哪些呢？

根据《物业管理条例》第 11 条的规定，下列事项由业主共同决定：(1) 制定和修改业主大会议事规则；(2) 制定和修改管理规约；(3) 选举业主委员会或者更换业主委员会成员；(4) 选聘和解聘物业服务企业；(5) 筹集和使用专项维修资金；(6) 改建、重建建筑物及其附属设施；(7) 有关共有和共同管理权利的其他重大事项。由此可见，选聘和解聘物业服务企业属于法律规定的必须由业主共同决定的事项。那么，在本案例中，解聘该物业管理公司应当由全体业主共同决定。

◆ 法律条文

《物业管理条例》

第十一条　下列事项由业主共同决定：

(一) 制定和修改业主大会议事规则；

（二）制定和修改管理规约；

（三）选举业主委员会或者更换业主委员会成员；

（四）选聘和解聘物业服务企业；

（五）筹集和使用专项维修资金；

（六）改建、重建建筑物及其附属设施；

（七）有关共有和共同管理权利的其他重大事项。

深度解析

业主共同决定是业主自治的本质要求，实践中“业主共同决定”通常体现为成立业主代表大会，授权业主代表大会代替全体业主决策。这是一种业主通过代理人实施民事法律行为的方式，是“业主共同决定”的合法表现形式。

29. 可以委托别人代为参加业主大会吗?

◆ 案例分析

曲某居住在某花园小区。某天他收到业主委员会的通知，要在第二天上午 9 点召开业主大会，讨论决定修改小区内管理规约的相关事宜。但是曲某由于工作原因正在外地出差，于是想委托自己的好友华某代替自己参加业主大会。那么，曲某可以委托别人代为参加业主大会吗?

业主大会是业主行使业主决策权的重要方式，对于业主来说，参加业主大会、为小区建设建言献策既是一项权利也是一项义务，但是难免存在业主由于客观原因不能参加的情况。对此，《物业管理条例》第 12 条第 2 款明确规定，其可以委托代理人参加业主大会会议。由此可见，在本案例中，曲某由于客观原因不能亲自参加业主大会，此时他可以通过委托代理人的方式来变相行使自己的业主权利。

◆ 法律条文

《物业管理条例》

第十二条第二款 业主可以委托代理人参加业主大会会议。

深度解析

由于受时间、工作等因素的限制，业主本人可能无法亲自参加业主大会。在这种情况下，为了保证业主能够正常行使权利，其可以委托代理人参加业主大会会议，但是代理人应当出具书面授权委托书。

30. 业主可以私自占用并出租楼梯间吗？

◆ 案例分析

H 小区 2 单元是一栋 6 层的居民住宅楼，多年以来，该单元 101 的住户廖某未经该楼业主同意，私自侵占底层东、西两侧的楼梯间，并出租给他人使用，收取租金。这种行为引发其他业主不满，部分业主已经对此提起诉讼。那么，廖某侵占楼梯间并出租的行为合法吗？

本案是一起因侵犯业主共有权而产生的纠纷，涉及建筑物区分所有权中的共有权。对此，根据我国《民法典》第 271 条的规定，业主对房屋专有部分享有所有权，对专有部分以外的共有部分享有共有和共同管理的权利。同时，《物业管理条例》第 54 条也规定，利用物业共用部分、共用设施设备进行经营的，应当在征得相关业主、业主大会及物业服务企业同意后，按照规定办理相关手续。同时，该经营收益应当主要用于补充专项维修资金，也可按照业主大会的决定使用。一幢建筑物，为了业主或使用人上下楼方便，需要建造楼梯。楼梯和建造楼梯所需的空间都是为整体物业的利用而形成和存在的。因此，楼梯间在构造上或性质上符合共用部分的特征，都应为全体业主所共有，它的使用应当经其他业主同意，并办理相关手续，使用所得的收益也应该由全体业主共同享有。所以，廖某私自侵占楼梯间并出租的行为是不合法的。

◆ 法律条文

《中华人民共和国民法典》

第二百七十一条 业主对建筑物内的住宅、经营性用房等专有部分享有所有权，对专有部分以外的共有部分享有共有和共同管理的权利。

《物业管理条例》

第五十四条 利用物业共用部位、共用设施设备进行经营的，应当在征得相关业主、业主大会、物业服务企业的同意后，按照规定办理有关手续。业主所得收益应当主要用于补充专项维修资金，也可以按照业主大会的决定使用。

深度解析

无论是物业公司还是部分业主，都要在自己的权利范围内行事，不要侵犯他人权益或者共有利益。作为业主也要增强法律意识，利用好业主大会和业主委员会治理好自己的家园。

31. 物业公司擅自出租物业管理用房应该如何处理?

◆ 案例分析

某小区与某物业公司签订物业管理合同，委托其提供小区的物业管理服务。后来，有业主发现物业用房的二楼被改建成浴室，正在装修。由于小区没有成立业委会，部分业主就向附近的街道办事处反映了该问题，想让街道办出面调解。那么，街道办应该如何处理这件事呢?

物业管理用房是供物业管理办公、工作人员值班的房屋。根据《物业管理条例》第 37 条的规定，物业管理用房的所有权依法属于业主。未经业主大会同意，物业服务企业不得改变物业管理用房的用途。同时该条例第 62 条规定，违反本条例的规定，未经业主大会同意，物业服务企业擅自改变物业管理用房的用途的，由县级以上地方人民政府房地产行政主管部门责令限期改正，给予警告，并处 1 万元以上 10 万元以下的罚款；有收益的，所得收益用于物业管理区域内物业共用部位、共用设施设备的维修、养护，剩余部分按照业主大会的决定使用。由此可见，物业管理用房的所有权属于业主，物业管理公司根据管理服务的需要可以暂时使用，但不得随意更改其用途，否则就是侵权行为。街道办应当告知该物业管理公司相关的法律规定和法律后果，或者将有关情况上报给县级以上房地产行政主管部门。

◆ 法律条文

《物业管理条例》

第三十七条 物业管理用房的所有权依法属于业主。未经业主大会同意，物业服务企业不得改变物业管理用房的用途。

第六十二条 违反本条例的规定，未经业主大会同意，物业服务企业擅自改变物业管理用房的用途的，由县级以上地方人民政府房地产行政主管部门责令限期改正，给予警告，并处1万元以上10万元以下的罚款；有收益的，所得收益用于物业管理区域内物业共用部位、共用设施设备的维修、养护，剩余部分按照业主大会的决定使用。

深度解析

近几年业主与物业公司的矛盾日益凸显，物业公司随意侵犯业主权利的现象屡见不鲜，更有从服务转变为管理的趋向。这其中很大一部分原因在于业主和物业公司没有明晰双方的权利义务关系，业主缺乏维权意识和维权途径等。物业服务与业主之间虽然属于一种自治管理的关系，但是社区工作人员、政府职能管理部门也要做好监督、管理的工作。

32. 将小区绿地改成室外健身区，应该经过多少业主的同意才可以？

◆ 案例分析

近日，G 小区的部分业主提议在小区的一块绿地上建造一些室外健身设施，如坐蹲训练器、单杠、肩关节康复器、双联漫步机等，以满足一些中老年人晨练和休闲的需要。但是部分业主认为不能破坏绿地，表达了不同意的观点。为此，小区拟召开业主大会，采取投票的方式来决定这一问题。那么，应该经过多少业主同意才能将小区绿地改成室外健身区呢？

我国《民法典》第 274 条规定："建筑区划内的道路，属于业主共有，但是属于城镇公共道路的除外。建筑区划内的绿地，属于业主共有，但是属于城镇公共绿地或者明示属于个人的除外。建筑区划内的其他公共场所、公用设施和物业服务用房，属于业主共有。"也就是说，小区绿地属于业主共有部分。同时，根据该法第 278 条的规定，改变共有部分的用途的，应当由专有部分面积占比三分之二以上的业主且人数占比三分之二以上的业主参与表决。同时，还应当经参与表决专有部分面积四分之三以上的业主且参与表决人数四分之三以上的业主同意。由此可见，在本案例中，将小区绿地改为健身区域属于改变共有部分用途，应当由专有部分面积占比三分之二以上的业主且人数占比三分之二以上的业主参与表决。

同时，还应当经参与表决专有部分面积四分之三以上的业主且参与表决人数四分之三以上的业主同意。

◆ 法律条文

《中华人民共和国民法典》

第二百七十四条 建筑区划内的道路，属于业主共有，但是属于城镇公共道路的除外。建筑区划内的绿地，属于业主共有，但是属于城镇公共绿地或者明示属于个人的除外。建筑区划内的其他公共场所、公用设施和物业服务用房，属于业主共有。

第二百七十八条 下列事项由业主共同决定：

……

（八）改变共有部分的用途或者利用共有部分从事经营活动；

……

业主共同决定事项，应当由专有部分面积占比三分之二以上的业主且人数占比三分之二以上的业主参与表决。决定前款第六项至第八项规定的事项，应当经参与表决专有部分面积四分之三以上的业主且参与表决人数四分之三以上的业主同意。决定前款其他事项，应当经参与表决专有部分面积过半数的业主且参与表决人数过半数的业主同意。

深度解析

业主的小区业主自己说了算，但是要注意，对于共有部分，业主共同享有所有权和使用权，所以是大家说了算。对共有部分用途的变更应当采用民主集中决议的方式，严格履行法定程序，采取表决方式并保证表决结果的公平性与公正性，才是对每一位业主自治权的尊重和保护。

33. 居住权可以继承吗？

◆ 案例分析

小李名下有一处住宅，系从去世的父亲那里继承而来的。但是这处住宅上已经设立了居住权，住着父亲生前的好友葛大爷，按照居住权合同，葛大爷可以在这栋房子里住到自己身故。两年之后，葛大爷由于脑血栓去世了。小李打算将住宅卖掉时，葛大爷的儿子却声称自己已经继承了父亲的居住权，要求代替父亲继续居住。那么，葛大爷儿子的说法正确吗？居住权可以用来继承吗？

我国《民法典》第369条规定："居住权不得转让、继承。设立居住权的住宅不得出租，但是当事人另有约定的除外。"由此可见，居住权作为一种新型的用益物权，具有很强的人身属性，不能转让、继承或者出租。当然，居住权不能出租以双方当事人没有约定为前提，如果当事人同意出租，那么法律应当优先尊重当事人自身的意愿。因此，在上面的案例中，葛大爷所享有的居住权只能由本人亲自行使，居住权自其去世时终止，是不能继承的。葛大爷儿子的说法没有法律依据，小李作为所有权人可以正常行使自己对于这处住宅的占有、处分、使用、收益的权利。

◆ 法律条文

《中华人民共和国民法典》

第三百六十九条　居住权不得转让、继承。设立居住权的住宅不得出租，但是当事人另有约定的除外。

深度解析

居住权是一种特定的用益物权类型，设立居住权的目的在于满足特定群体基本的居住需求，实现扶贫济弱的社会功能，具有无偿性的特点，这一制度具有独特的人文关怀和伦理价值。合理利用并规制居住权制度，在市场经济发达的今天能够最大限度地实现物尽其用的目的。

34. 承租人死亡后，与其生前共同居住的人有权继续承租吗？

◆ 案例分析

老黄是A公司的业务骨干，退休后，经公司领导批准，老黄以一半的租金承租公司的一间商铺用于服装经营。2012年1月，老黄与公司签订了为期20年的房屋租赁合同，办理个体工商户营业执照后，就带着自己的儿子、儿媳一起经营这家店铺，生意日渐红火，深受同行羡慕。2020年2月，老黄回家途中不幸遭遇车祸身亡，很多人盯上了这块“旺铺”宝地。A公司找到了老黄的儿子小黄，声称现在老黄已经死亡，要求与其解除租赁合同，限期一周搬走。小黄不愿搬走，想要继续在此地经营。那么，小黄还能继续承租该商铺吗？

我国《民法典》第732条规定：“承租人在房屋租赁期限内死亡的，与其生前共同居住的人或者共同经营人可以按照原租赁合同租赁该房屋。”房屋作为生活资料或生产资料为承租人所租赁，进行生活居住或者经营，在租赁期间，出租人不得无理妨碍承租人的居住权或经营权，当然也不能无理损害与承租人共同居住的亲属的居住权或经营权。同理，在承租人死亡后，只要该租赁合同尚未到期，与承租人共同居住的人就应当享有继续租赁的权利。由此可见，在本案例中，虽然承租人老黄在房屋租赁期间死亡，但是老黄的儿子和儿媳属于共同经营人，依法有权按照老黄与公司签订的房屋租赁合同在剩余的房屋租赁期限内继续租赁该商铺，并按时按照合同约定的价格交纳租金，A 公司是无权解除合同的。

◆ 法律条文

《中华人民共和国民法典》

第七百三十二条　承租人在房屋租赁期限内死亡的，与其生前共同居住的人或者共同经营人可以按照原租赁合同租赁该房屋。

深度解析

房屋作为重要的不动产，是满足公民居住这一基本生活需要的物质条件。在房屋租赁中，虽然承租人为一人，但也会有与其共同居住的人、共同经营的人，因此在调整租赁关系时，需要考虑承租人死亡后其他共同居住人或共同经营人的利益。

第六章
家庭关系法律知识

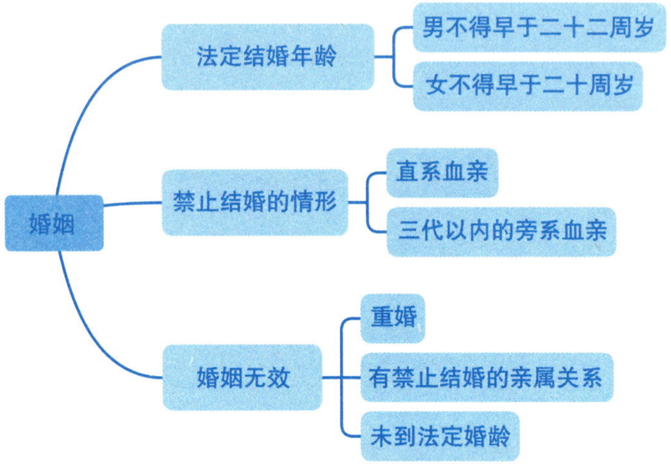

婚姻

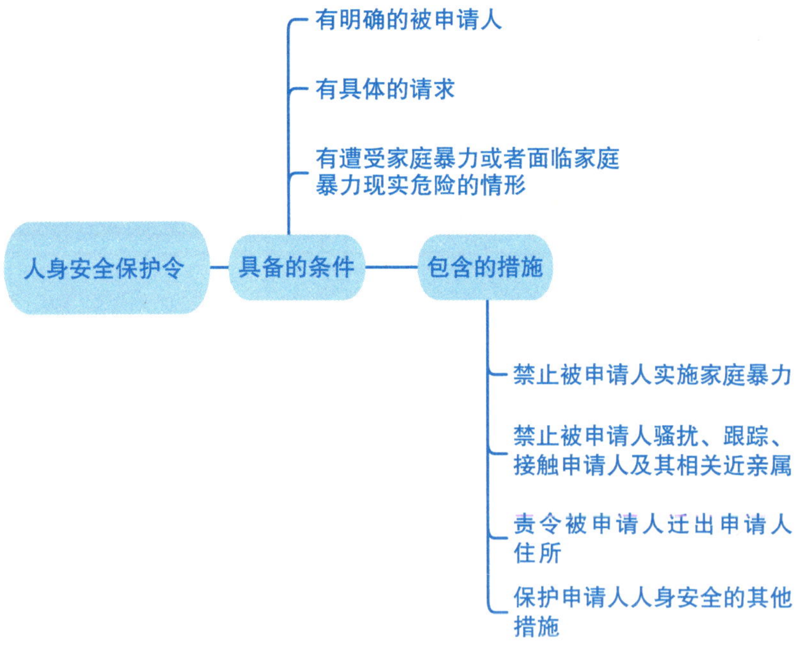

人身安全保护令的条件及措施

夫妻财产

- 夫妻共同财产
  - 工资、奖金、劳务报酬
  - 生产、经营、投资的收益
  - 知识产权的收益
  - 继承或者受赠的财产，但是遗嘱或者赠与合同中确定只归一方的财产除外
  - 其他应当归共同所有的财产
- 夫妻一方的个人财产
  - 一方的婚前财产
  - 一方因受到人身损害获得的赔偿或者补偿
  - 遗嘱或者赠与合同中确定只归一方的财产
  - 一方专用的生活用品
  - 其他应当归一方的财产

夫妻财产

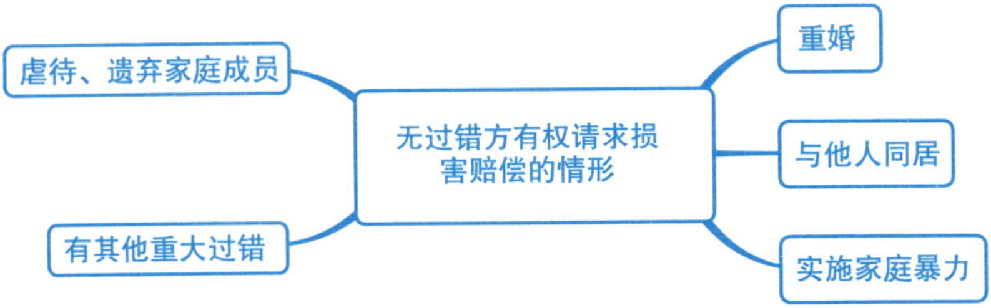

无过错方有权请求损害赔偿的情形

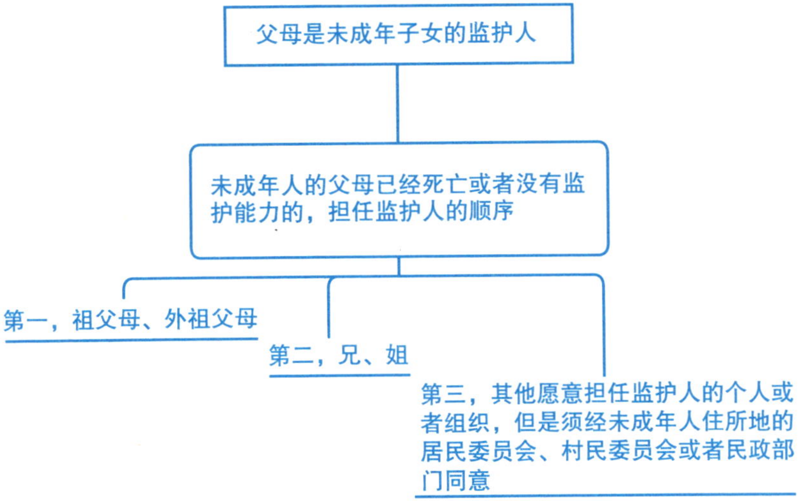

监护人顺序

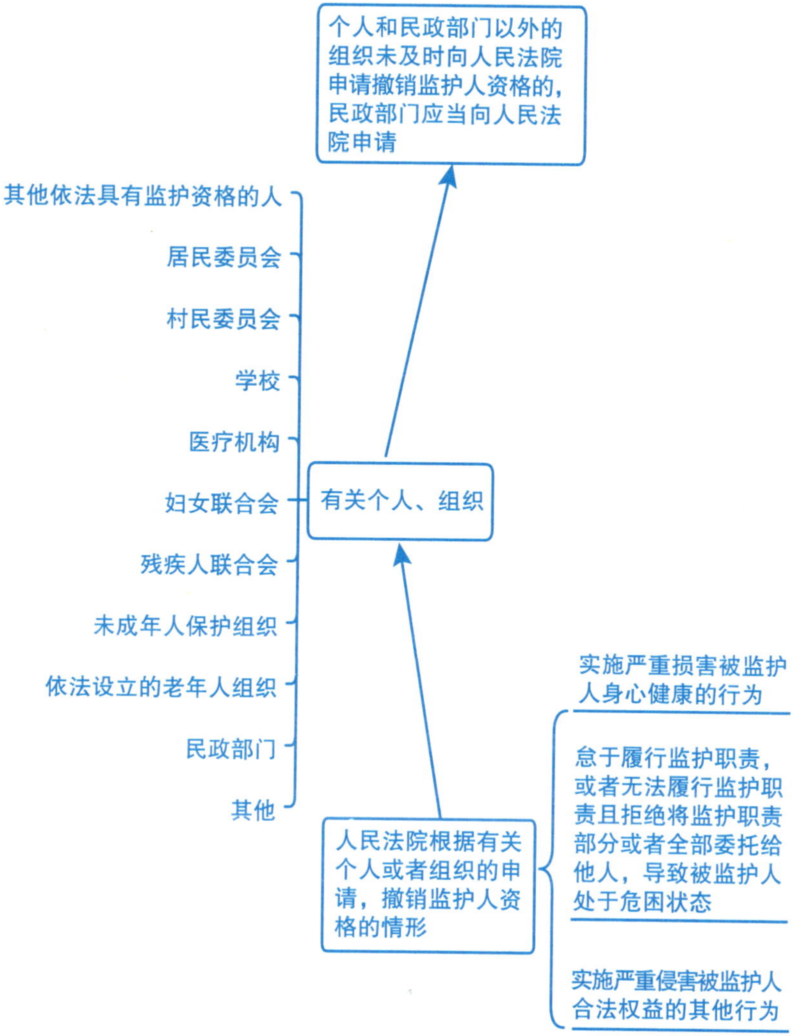
个人和民政部门以外的组织未及时向人民法院申请撤销监护人资格的，民政部门应当向人民法院申请
其他依法具有监护资格的人
居民委员会
村民委员会
学校
医疗机构
妇女联合会
残疾人联合会
未成年人保护组织
依法设立的老年人组织
民政部门
其他
有关个人、组织
人民法院根据有关个人或者组织的申请，撤销监护人资格的情形
实施严重损害被监护人身心健康的行为
怠于履行监护职责，或者无法履行监护职责且拒绝将监护职责部分或者全部委托给他人，导致被监护人处于危困状态
实施严重侵害被监护人合法权益的其他行为

撤销监护人资格的情形

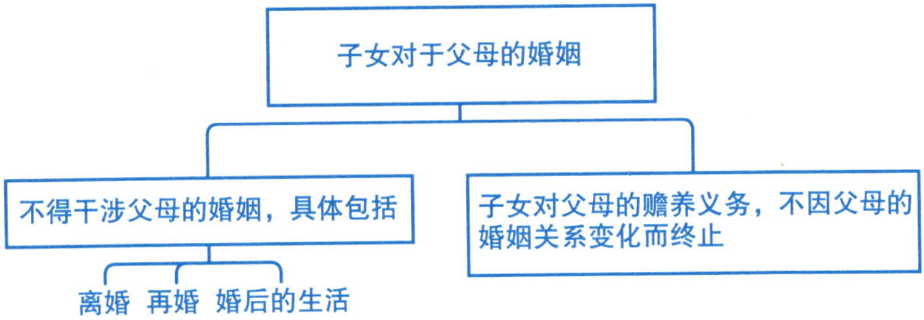

子女对于父母的婚姻的相关规定

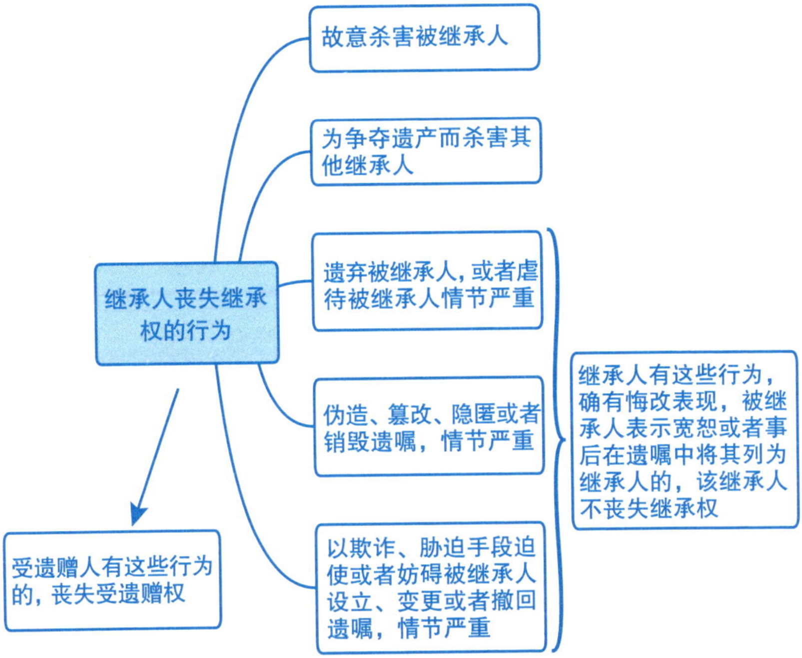

继承人丧失继承权的行为

35. 妻子丧失劳动能力，而丈夫不闻不问的，妻子能否要求丈夫支付扶养费?

◆ 案例分析

张某和李某经人介绍认识，深入了解后，二人到民政部门登记结婚。婚后，丈夫张某外出打工，李某自己在老家务农。在一次返家途中，李某不幸被醉酒驾驶的王某撞伤，腿部、腰部受伤严重，丧失了劳动能力。得知情况后，张某只在李某住院时回来探望过，之后以各种理由搪塞，拒绝返家照顾李某。李某花光赔偿费用后，没有劳动能力，没有收入来源，生活变得困难起来。试问，此时李某能否要求张某支付必要的扶养费?

夫妻之间的扶养义务是登记结婚的双方应当承担的法定义务，有扶养能力的一方应当自觉履行这一义务，其中支付扶养费是夫妻之间扶养义务的常见表现形式。特别是在夫妻一方患病或是丧失劳动能力等特殊情况下更应该做到这一点，如果一方不履行这一法定义务，对方可以通过法律途径实现自己的合法权益。对此，我国《民法典》第1059条规定："夫妻有相互扶养的义务。需要扶养的一方，在另一方不履行扶养义务时，有要求其给付扶养费的权利。"本案中，李某因遭遇车祸导致自己丧失劳动能力，其丈夫张某本应及时照顾，但是他无视该情况，并以各种理由搪塞，拒绝履行应尽的扶养义务，生活困难的李某可以请求村委会或居委会调解，调解不成的可以起诉；李某也可以直接向法院起诉要求丈夫支付扶养费。

◆ 法律条文

《中华人民共和国民法典》

第一千零五十九条 夫妻有相互扶养的义务。

需要扶养的一方，在另一方不履行扶养义务时，有要求其给付扶养费的权利。

深度解析

夫妻是一个共同体，应当相互扶持、同甘共苦，在遭遇变故时，更应当不离不弃、同舟共济，这既是夫妻之间的结婚真谛，更是婚姻法中夫妻之间扶养义务的体现。一方应当履行而不履行扶养义务的，另一方可以借助法律途径请求其履行。

36. 什么是离婚冷静期，期满后有何后果？

◆ 案例分析

任某与张某结婚十年，夫妻之间关系还算融洽。但是，最近半年，任某由于公司岗位调整，被迫失业，无奈只能在家待业。加上房贷和车贷的压力，二人经常争吵。在一次争吵中，任某提出离婚，张某听到后果断同意，二人到民政部门办理离婚。工作人员知道缘由后，告知二人，提出离婚申请，只有在冷静期期满后才能发给离婚证。那么，什么是离婚冷静期？冷静期期满的，有什么法律后果？

我国《民法典》第1077条规定：“自婚姻登记机关收到离婚登记申请之日起三十日内，任何一方不愿意离婚的，可以向婚姻登记机关撤回离婚登记申请。前款规定期限届满后三十日内，双方应当亲自到婚姻登记机关申请发给离婚证；未申请的，视为撤回离婚登记申请。”

夫妻双方自愿离婚的，到婚姻登记机关提出离婚登记申请，经过30日后，离婚双方再向婚姻登记机关申请发给离婚证。从提交离婚申请到领到离婚证的这30日被称为“离婚冷静期”。在冷静期内，一方或者双方不愿意离婚的，可以撤回离婚登记申请。在冷静期期限届满，未提出发放离婚证申请的，视为撤回离婚申请，此时双方未离婚，仍为婚姻关系；双方坚决离婚的，30日期限届满，双方可以去登记部门申请发放离婚证，此时二人离婚，婚姻关系消灭。

本案中，张某与任某因为家庭琐事申请离婚，登记部门应当告知其申请之后有30日的冷静期，在冷静期届满后，确定离婚的，双方共同到登记部门申请发放离婚证；30日的冷静期内撤回申请，或者期满未申请的，均为放弃离婚申请。

◆ 法律条文

《中华人民共和国民法典》

第一千零七十七条 自婚姻登记机关收到离婚登记申请之日起三十日内，任何一方不愿意离婚的，可以向婚姻登记机关撤回离婚登记申请。

前款规定期限届满后三十日内，双方应当亲自到婚姻登记机关申请发给离婚证；未申请的，视为撤回离婚登记申请。

深度解析

离婚冷静期设置的目的在于防止双方因一时冲动而离婚，因此，在30日的冷静期内，双方可以自己解决矛盾，也可以向居委会、村委会、街道办等申请调解，调解成功的，婚姻关系继续存续，调解不成功的，可以在30日届满后到登记部门申领离婚证。

37. 一方知道对方隐瞒重大疾病，而在数年之后才选择申请撤销婚姻的，该主张能否得到支持?

◆ 案例分析

小周和小孙是大学同学，小孙认为二人相恋时间较长，彼此都很了解，决定与小周结婚，小周却隐瞒了自己患有遗传性精神病尚未治愈的情况，之后二人登记结婚。婚后，小周因精神病发作被送医检查，小孙这才知道原来小周患有遗传性精神疾病。但是，经过慎重考虑，小孙认为，二人相识与相爱颇为不易，加上现在医疗技术进步，存在治愈的可能性，因此决定与小周共抗疾病。几年后，小孙又发现小周数次出轨，感到十分伤心，到街道办咨询工作人员能否以小周隐瞒重大疾病为由，申请撤销婚姻。工作人员该如何解答?

婚姻当事人应该谨慎对待婚姻，患有重大疾病的一方，在结婚前应该如实告知对方，让对方仔细考虑。我国《民法典》第1053条规定："一方患有重大疾病的，应当在结婚登记前如实告知另一方；不如实告知的，另一方可以向人民法院请求撤销婚姻。请求撤销婚姻的，应当自知道或者应当知道撤销事由之日起一年内提出。"由此可知，在婚姻中，患有重大疾病的一方未履行婚前告知义务的，另一方有权在知道或者应当知道撤销事由之日起一年内提出撤销婚姻的申请。前述一年期间为除斥期间，即权利人在知道或应当知道存在可撤销事由后一年期内未提出撤销婚姻申请的，该权利消灭。在上面的案例中，小周患有遗传性精神疾病，属于不能结婚的重大疾病，小周对此事实进行隐瞒的，妻子小孙有权自知道或者应当知道该事实后一年内向法院提出撤销婚姻的申请，但是小孙考虑到二人的感情，未及时在一年除斥期间内行使，该权利即消灭，数年之后，小孙不能再次以该理由申请撤销婚姻。但是，由于小周之后有出轨行为，使得小孙对爱情失去信任，小孙可以和小周协议离婚，也可以到法院起诉离婚来结束婚姻关系。

◆ 法律条文

《中华人民共和国民法典》

第一千零五十三条 一方患有重大疾病的，应当在结婚登记前如实告知另一方；不如实告知的，另一方可以向人民法院请求撤销婚姻。

请求撤销婚姻的，应当自知道或者应当知道撤销事由之日起一年内提出。

深度解析

撤销婚姻制度设有一年除斥期间，旨在消除当事人关系中的不确定、不稳定因素，在规定时间内，未能行使的，该项权利即消灭。此外，重大疾病需发生于婚前并属于一方故意隐瞒，婚后发生重大疾病的，不属于该制度的规范范围。

38. 离婚时，关于子女抚养问题，子女的意愿是否重要?

◆ 案例分析

胡某的丈夫何某经常酗酒，而且醉酒后常常殴打胡某。虽然每次酒醒后，何某都给胡某道歉请求原谅，但是此后仍然不思悔改。他们有一个10岁的女儿小何一直在老家上学，对此并不知情。最近，何某又一次醉酒并将胡某殴打致住院。胡某再也无法忍受，决定起诉离婚，并想获得小何的抚养权。胡某向社区工作人员咨询后得知，在涉及子女抚养问题上，需要征求并尊重子女的意愿。那么，在离婚时，对于子女抚养问题，子女的意愿是否很重要?

父母双方对子女都有法定的抚养义务，但是，在夫妻双方离婚时，对于子女抚养权的确定，我国《民法典》第1084条明确规定："父母与子女间的关系，不因父母离婚而消除。离婚后，子女无论由父或者母直接抚养，仍是父母双方的子女。离婚后，父母对于子女仍有抚养、教育、保护的权利和义务。离婚后，不满两周岁的子女，以由母亲直接抚养为原则。已满两周岁的子女，父母双方对抚养问题协议不成的，由人民法院根据双方的具体情况，按照最有利于未成年子女的原则判决。子女已满八周岁的，应当尊重其真实意愿。"可见，在离婚时，子女的意愿是否重要，要看子女是否具有独立的判断能力，如法律规定，子女已满八周岁的，应当尊重其真实意愿；另外，还要看是否有利于子女权益的保护。不满两周岁的，由于子女幼小，跟随母亲生活更为合适；子女八周岁以后，心智等各方面慢慢发展，有了一定的自我判断能力，在离婚时应当征得并考虑这部分子女的意愿；在二岁至八岁年龄段之间，夫妻未作出约定的，法院应根据保护子女最大化利益原则的考量，作出裁判。

本案中，小何已经年满八周岁，在抚养问题上应当考虑其意愿，但是本案比较特殊，即丈夫何某存在家暴情形，子女跟其居住时可能会遭受伤害，出于对子女最大化利益的保护，离婚后，小何跟随母亲胡某生活更为合适。

◆ 法律条文

《中华人民共和国民法典》

第一千零八十四条 父母与子女间的关系，不因父母离婚而消除。离婚后，子女无论由父或者母直接抚养，仍是父母双方的子女。

离婚后，父母对于子女仍有抚养、教育、保护的权利和义务。

离婚后，不满两周岁的子女，以由母亲直接抚养为原则。已满两周岁的子女，父母双方对抚养问题协议不成的，由人民法院根据双方的具体情况，按照最有利于未成年子女的原则判决。子女已满八周岁的，应当尊重其真实意愿。

深度解析

离婚时，对于子女的抚养问题，夫妻双方可以进行约定，约定不成的，由法院作出裁判。离婚后，父母与子女之间的关系仍然存在，不直接抚养的一方仍应当按照约定给付抚养费，父母仍然是子女的法定监护人，应当抚养和教育、保护子女。

39. 解除收养关系的，缺乏劳动能力的养父母能否要求成年养子女支付一定的费用？

◆ 案例分析

楚某膝下无子，于是从福利院收养了张某。之后二人相依为命。大学毕业后，张某签约南方某城市一家公司，离家较远。楚某认为张某长期工作，不能经常回家，导致自己倍感寂寞，而张某又未曾给予自己生活费等费用，导致自己生活困难、难以自理，于是，楚某起诉请求解除与张某之间的收养关系。那么，对于缺乏劳动能力又无主要收入的楚某来说，能否在解除收养关系后，请求张某支付一定的费用？

收养，是指通过一定的法律程序，将他人的子女作为自己的子女加以抚养，在原来没有直系血亲关系的人之间产生了法律拟制的父母和子女关系的法律行为。但是，在实际生活中，子女被收养之后，有时会因各种原因而解除收养关系。收养关系一旦解除，可能会产生一些相关的费用，对此，根据我国《民法典》第1118条规定，主要有三种情况：(1) 经养父母抚养的成年养子女，对缺乏劳动能力又缺乏生活来源的养父母，应当给付生活费；(2) 因养子女成年后虐待、遗弃养父母而解除收养关系的，养父母可以要求养子女补偿收养期间支出的抚养费；(3) 生父母要求解除收养关系的，养父母可以要求生父母适当补偿收养期间支出的抚养费；但是，因养父母虐待、遗弃养子女而解除收养关系的除外。本案中，楚某和张某关系恶化，导致收养关系解除，但是，楚某因缺乏劳动能力又没有生活来源，无法供养自己，此时，张某应当给付生活费，维持楚某的正常生活需要。

◆ 法律条文

《中华人民共和国民法典》

第一千一百一十八条　收养关系解除后，经养父母抚养的成年养子女，对缺乏劳动能力又缺乏生活来源的养父母，应当给付生活费。因养子女成年后虐待、遗弃养父母而解除收养关系的，养父母可以要求养子女补偿收养期间支出的抚养费。

生父母要求解除收养关系的，养父母可以要求生父母适当补偿收养期间支出的抚养费；但是，因养父母虐待、遗弃养子女而解除收养关系的除外。

深度解析

收养关系解除后，收养人和被收养人之间的关系即行解除，但是，成年的被收养人在解除收养关系后，对于先前抚养自己长大的收养人，应当尽到一定的照顾义务，这既符合道义的要求，也符合法律的要求。

40. 继承权丧失后，还能否恢复?

◆ 案例分析

侯某曾因打骂年迈的父亲被行政拘留，侯某的父亲之后公开表示，自己死后其全部财产由女儿继承，侯某没有继承权。在拘留期间，侯某接受了行政部门的训诫，拘留期结束后，行政部门协调当地的居委会和社区部门，对侯某进行道德教育。其间，侯某认错、悔错，表示会好好孝顺父亲。之后，侯某确实改过自新，经常探望父亲，在父亲生病时细心照顾其起居，父亲感觉侯某已经改变了，于是表示原谅侯某。试问，继承权丧失之后，还能否恢复？

原则上，继承权丧失后，不可恢复。但是，考虑到继承关系的特殊性，即血亲之间的相互继承关系，法律对于继承权的恢复也进行了规定。我国《民法典》第1125条规定：“继承人有下列行为之一的，丧失继承权：（一）故意杀害被继承人；（二）为争夺遗产而杀害其他继承人；（三）遗弃被继承人，或者虐待被继承人情节严重；（四）伪造、篡改、隐匿或者销毁遗嘱，情节严重；（五）以欺诈、胁迫手段迫使或者妨碍被继承人设立、变更或者撤回遗嘱，情节严重。继承人有前款第三项至第五项行为，确有悔改表现，被继承人表示宽恕或者事后在遗嘱中将其列为继承人的，该继承人不丧失继承权。受遗赠人有本条第一款行为的，丧失受遗赠权。”

可见，除继承人故意杀害被继承人和为争夺遗产杀害其他继承人的情形外，均可以得到被继承人明示或默示的原谅而恢复继承权。本案中，尽管侯某曾经因为虐待行为被剥夺继承权，但是在社区人员的帮助下，其积极改正、悔过，认真照料父亲，获得了其父的谅解，因此其继承权可以恢复。

◆ 法律条文

《中华人民共和国民法典》

第一千一百二十五条　继承人有下列行为之一的，丧失继承权：

（一）故意杀害被继承人；

（二）为争夺遗产而杀害其他继承人；

（三）遗弃被继承人，或者虐待被继承人情节严重；

（四）伪造、篡改、隐匿或者销毁遗嘱，情节严重；

（五）以欺诈、胁迫手段迫使或者妨碍被继承人设立、变更或者撤回遗嘱，情节严重。

继承人有前款第三项至第五项行为，确有悔改表现，被继承人表示宽恕或者事后在遗嘱中将其列为继承人的，该继承人不丧失继承权。

受遗赠人有本条第一款规定行为的，丧失受遗赠权。

深度解析

享有继承权的人应当积极履行法定义务，对被继承人尽到照顾和扶养义务。而被继承人根据继承人的行为有权决定是否剥夺其继承权。继承关系这种含有亲属关系、血亲关系在内的特殊关系，应当引导继承人与被继承人之间良性的发展和相互的照顾与扶持。

41. 爸妈没有登记结婚，孩子拥有继承权吗？

◆ 案例分析

小李和小王是经人介绍认识的，两人正值婚龄，家庭、工作和性格方面都挺合适的，于是很快确定了恋爱关系。相处了半年之后，小王就搬到了小李的住处与他一起居住，并很快孕育了一个儿子小刚，但是两人迟迟没有登记结婚，也没有举行结婚仪式。一天，小李因为工作原因去外地出差，途中不幸遭遇车祸去世。小王提出要让小刚继承小李的遗产，但小李的父母却以小李和小王二人没有结婚为由拒绝。那么，小李的儿子拥有继承权吗？

小刚是享有继承权的。我国《民法典》第1071条第1款规定："非婚生子女享有与婚生子女同等的权利，任何组织或者个人不得加以危害和歧视。"且《民法典》第1127条再次重申，遗产按照下列顺序继承：（一）第一顺序：配偶、子女、父母……本编所称子女，包括婚生子女、非婚生子女、养子女和有扶养关系的继子女。由此可见，法律对于非婚生子女的态度是非常鲜明的，那就是保证非婚生子女与婚生子女拥有完全平等的权利，避免儿童因为非婚生身份受到任何歧视。那么，继承权显然是非婚生子女应当享有的权利。本案中，虽然小李和小王并没有登记结婚，但是这一点并不影响小刚与小李、小王具有法律上的父母子女关系。因此，在小李死亡后，根据法律规定，小刚可以作为第一顺序继承人参与继承小李的遗产。

◆ 法律条文

《中华人民共和国民法典》

第一千零七十一条 非婚生子女享有与婚生子女同等的权利，任何组织或者个人不得加以危害和歧视。

不直接抚养非婚生子女的生父或者生母，应当负担未成年子女或者不能独立生活的成年子女的抚养费。

第一千一百二十七条 遗产按照下列顺序继承：

（一）第一顺序：配偶、子女、父母；

……

本编所称子女，包括婚生子女、非婚生子女、养子女和有扶养关系的继子女。

……

深度解析

近几年来，同居、试婚、婚外情现象时有发生，由此带来的社会问题之一就是非婚生子女的数量增加。由于非婚生子女本身可能被舆论贴标签，所以他们的合法权益很容易被侵犯。我们应该谨记，非婚生子女与婚生子女拥有同样的权利与义务，他们的法律地位与婚生子女完全平等。

42. 放弃继承之后还用承担债务清偿责任吗？

◆ 案例分析

詹某因为个人开支先后向王某、李某等人借款，金额累计达到30余万元。某日，詹某突发心梗，不治身亡。詹某死亡后，债权人王某、李某等人纷纷向法院起诉，要求詹某的妻子、儿女、父母在遗产继承的限额内对债务进行清偿。詹某的妻子、儿子主动向法院提交了放弃继承的书面申请。那么，这种情况下，詹某的妻子和儿子还需要对詹某生前所负的债务负清偿责任吗？

詹某的妻子和儿子可以不用偿还詹某生前所欠的债务。我国《民法典》第1161条第2款规定："继承人放弃继承的，对被继承人依法应当缴纳的税款和债务可以不负清偿责任。"由此可见，在前面的案例中，詹某的妻子和儿子在继承开始之前以书面形式明确放弃继承权，符合法律规定的条件，应当认为詹某的妻子和儿子作出了合格的放弃继承的意思表示。因此，詹某的妻子和儿子对于詹某生前所负的债务可以不负清偿责任。

◆ 法律条文

《中华人民共和国民法典》

第一千一百二十四条第一款 继承开始后，继承人放弃继承的，应当在遗产处理前，以书面形式作出放弃继承的表示；没有表示的，视为接受继承。

第一千一百六十一条第二款 继承人放弃继承的，对被继承人依法应当缴纳的税款和债务可以不负清偿责任。

深度解析

放弃继承虽然是公民的一种民事权利，但这种权利既受到法律的保护，又受到一定限制。放弃继承不得损害国家、集体和他人的利益，为逃避依法应当履行的义务而放弃继承权的，法律不予承认和保护。

43. 将个人财产进行捐赠的遗书算公民遗嘱吗?

◆ 案例分析

李某今年69岁，老伴儿早亡，膝下只有一个儿子。李某的儿子早年比较叛逆，经常与李某争吵，父子俩关系比较紧张。有一次由于上学的事情父子俩大吵了一架，儿子甩门而去，离家出走，这些年一直没有回家看过老人。后来李某年事渐高，就写下一份遗书，写明自己死后将遗产全部捐赠给一家公益基金会，签上了名字和日期。那么，李某的这份遗书算是遗嘱吗?

这份遗书可以被视为遗嘱。根据我国《民法典》的规定，遗嘱是自然人生前依法作出的处分个人财产的单方面法律行为，具体可分为自书遗嘱、代书遗嘱、打印遗嘱、口头遗嘱、公证遗嘱和以录音录像形式作出的遗嘱等几种。此外，该法还规定自然人可以立遗嘱将个人财产赠与国家、集体或者法定继承人以外的组织、个人。严格来讲，自然人在遗书中对死后个人财产的处分，如确为死者真实意思的表示，且遗书中有本人签名并注明了年、月、日，不存在其他令遗嘱无效情形或没有相反证据的，可以认为该部分内容属于死者的自书遗嘱。在本案当中，首先从遗书的内容上看，该遗书属于李某真实的意思表示，且没有违反法律法规等令遗嘱无效的情形；然后从形式上看，该遗书属于李某自书，且具备本人签章和日期等要件。因此，该份遗书属于一份有效的公民遗嘱。

◆ 法律条文

《中华人民共和国民法典》

第一千一百三十三条 自然人可以依照本法规定立遗嘱处分个人财产，并可以指定遗嘱执行人。

自然人可以立遗嘱将个人财产指定由法定继承人中的一人或者数人继承。

自然人可以立遗嘱将个人财产赠与国家、集体或者法定继承人以外的组织、个人。

自然人可以依法设立遗嘱信托。

第一千一百三十四条 自书遗嘱由遗嘱人亲笔书写，签名，注明年、月、日。

第一千一百四十三条 无民事行为能力人或者限制民事行为能力人所立的遗嘱无效。

遗嘱必须表示遗嘱人的真实意思，受欺诈、胁迫所立的遗嘱无效。

伪造的遗嘱无效。

遗嘱被篡改的，篡改的内容无效。

深度解析

公民立遗嘱是一种民事法律行为，是立遗嘱人对其遗产或其他事务所作的个人处分，于遗嘱人死亡时发生效力。但是一份有效的遗嘱也需要满足许多条件，如遗嘱人须有遗嘱能力、遗嘱须是遗嘱人的真实意思表示、遗嘱不得取消缺乏劳动能力又没有生活来源的继承人的继承权、遗嘱中所处分的财产须为遗嘱人的个人财产、遗嘱须不违反社会公共利益和社会公德。只有满足法定的条件，遗嘱才能发生效力。

44. 自己一个人录视频订立的遗嘱是否有效?

◆ 案例分析

柳某是一名飞机空乘人员，在某次飞往西藏的航班中，刘某所值班的飞机突遭气流，发生了剧烈颠簸。在经过这次突发事件之后，柳某感受到了死亡的恐惧和意外事件的不可预料性，于是某天就在自家厕所用手机录了一段视频，视频的内容主要是对自己死亡后的财产处分情况作了安排。那么，这份视频是否可以算作一份有效的遗嘱呢?

视频遗嘱，即录音录像的遗嘱，是法定的遗嘱形式之一。我国《民法典》第1137条明确规定："以录音录像形式立的遗嘱，应当有两个以上见证人在场见证。遗嘱人和见证人应当在录音录像中记录其姓名或者肖像，以及年、月、日。"由此可见，视频遗嘱，不能自己悄悄一个人录制，还要有两个以上见证人在场见证，并且，立遗嘱人和见证人都应该出现在视频中，还要报上姓名及年、月、日。在本案例中，虽然遗嘱内容是柳某的真实意思表示，但是显然缺少了形式要件，如两个以上的见证人的见证，还有年、月、日的报告，等等。因此，这份视频不能算作一份有效的遗嘱。

◆ 法律条文

《中华人民共和国民法典》

第一千一百三十七条　以录音录像形式立的遗嘱，应当有两个以上见证人在场见证。遗嘱人和见证人应当在录音录像中记录其姓名或者肖像，以及年、月、日。

深度解析

录像遗嘱同时具有声音和画面，可以更全面地反映订立遗嘱时的环境、被继承人的精神和身体状况，所以承认录像遗嘱的合法性有利于维护社会秩序的和谐稳定。法律之所以对于录像遗嘱设置严格的条件，主要是由于录像容易被他人复制、剪接或伪造，对该种遗嘱的制作应当严格把握。例如，立遗嘱人应当亲自叙述遗嘱的全部内容，不得由他人代为转述；立遗嘱时，应当有两个以上的见证人在场见证且应当有相关情况的说明等。

45. 居委会可以代人申请人身安全保护令吗?

◆ 案例分析

小星今年7岁，是某小学一年级的学生，家住幸福时光小区。一天，该社区的居委会工作人员孙某在小区门口注意到小星脸上有被掌掴过的痕迹。孙某赶紧将小星带到了居委会办公室，经过仔细的询问，孙某才知道原来伤痕是小星的父亲梁某喝酒之后动手打的，而且小星说她经常受到父亲的毒打，身上的伤痕证实了她说的话。为了让小星尽快脱离家庭暴力，免遭父亲的毒打，居委会拟向人民法院申请人身安全保护令。那么，居委会是否可以代替小星申请人身安全保护令呢?

人身安全保护令是人民法院为了保护家庭暴力受害人及其子女和特定亲属的人身安全、确保婚姻案件诉讼程序的正常进行而作出的民事裁定，是一种民事强制措施。对此，我国《反家庭暴力法》第23条规定:“当事人因遭受家庭暴力或者面临家庭暴力的现实危险，向人民法院申请人身安全保护令的，人民法院应当受理。当事人是无民事行为能力人、限制民事行为能力人，或者因受到强制、威吓等原因无法申请人身安全保护令的，其近亲属、公安机关、妇女联合会、居民委员会、村民委员会、救助管理机构可以代为申请。”在本案中，家庭暴力的受害人小星今年7岁，属于无民事行为能力人，无法申请人身安全保护令，根据《反家庭暴力法》第

23 条的规定，此时居委会可以代替小星申请人身安全保护令。

◆ 法律条文

《中华人民共和国反家庭暴力法》

第二十三条　当事人因遭受家庭暴力或者面临家庭暴力的现实危险，向人民法院申请人身安全保护令的，人民法院应当受理。

当事人是无民事行为能力人、限制民事行为能力人，或者因受到强制、威吓等原因无法申请人身安全保护令的，其近亲属、公安机关、妇女联合会、居民委员会、村民委员会、救助管理机构可以代为申请。

深度解析

人身安全保护令是申请人的护身符，是被申请人的紧箍咒。签发人身安全保护令属于人民法院依法、适时、适度干预家庭暴力的一种做法，有预防家庭暴力再次发生的效果。

46. 居委会可以代替遭受家暴的孩子去申请撤销监护人资格吗？

◆ 案例分析

小亮的爸爸妈妈特别重视小亮的学习成绩，每次小亮考试成绩差了，回到家都会遭到打骂，甚至还被惩罚不许吃饭。他们奉行“棍棒底下出孝子”的教育理念，所以小亮经常被打得浑身是伤。周围的邻居劝过小亮的父母，但是他们一意孤行，还是经常对小亮拳脚相加。居委会了解到这一情况后，认为不能再任由小亮的父母对他施加伤害了，就想向法院申请依法撤销小亮父母的监护人资格，另行指定监护人。居委会的这种想法有法律依据吗？

本案中，小亮的父母经常因成绩问题对孩子进行打骂，导致小亮身上多处伤痕。其行为已经违反了我国《反家庭暴力法》第 12 条的规定，即对未成年人没有以文明的方式进行家庭教育，而是实施了家庭暴力。同时，该法第 21 条规定：“监护人实施家庭暴力严重侵害被监护人合法权益的，人民法院可以根据被监护人的近亲属、居民委员会、村民委员会、县级人民政府民政部门等有关人员或者单位的申请，依法撤销其监护人资格，另行指定监护人。被撤销监护人资格的加害人，应当继续负担相应的赡养、扶养、抚养费用。”因此，本案中，居委会了解到小亮遭受家庭暴力的情况之后，是有资格向法院申请撤销其监护人资格，并另行指定监护人的。

◆ 法律条文

《中华人民共和国反家庭暴力法》

第十二条　未成年人的监护人应当以文明的方式进行家庭教育，依法履行监护和教育职责，不得实施家庭暴力。

第二十一条　监护人实施家庭暴力严重侵害被监护人合法权益的，人民法院可以根据被监护人的近亲属、居民委员会、村民委员会、县级人民政府民政部门等有关人员或者单位的申请，依法撤销其监护人资格，另行指定监护人。

被撤销监护人资格的加害人，应当继续负担相应的赡养、扶养、抚养费用。

深度解析

未成年人并不是他们父母的私有财产、可以关起门来任凭处置的，他们是祖国未来的希望，是社会成员的一分子，也享有家庭生活中最基本的民事权利保障。如果他们的父母不履行或无法正确履行监护职责，那么国家机关在追究其父母法律责任的同时，也会根据最有利于被监护人的原则，将未成年人的监护职责交由其他人承担，进而保护未成年人的合法权益。

47. 哪些人可以做老年人的监护人？

◆ 案例分析

王大爷今年73岁了，有一个儿子在外地工作。王大爷的儿子平时工作比较忙，只有逢年过节才会回来看望王大爷。因此，王大爷日常生活中如果有什么事，会经常请邻居小张帮忙。小张年少丧父，一直把王大爷当作自己的父亲。最近，王大爷感觉自己越来越不记事了，怕自己得了老年痴呆症，将来会无法自理，便和小张商量，想让小张做自己的监护人，如果自己出了什么问题，就让小张来照顾自己。那么，老年人可以指定监护人吗？哪些人可以担任老年人的监护人？

老年人可以指定自己的监护人，让监护人在自己丧失或者部分丧失民事行为能力时，承担起监护职责，这样能够更好地保障老年人的权益。对此，我国《老年人权益保障法》第26条规定："具备完全民事行为能力的老年人，可以在近亲属或者其他与自己关系密切、愿意承担监护责任的个人、组织中协商确定自己的监护人。监护人在老年人丧失或者部分丧失民事行为能力时，依法承担监护责任。老年人未事先确定监护人的，其丧失或者部分丧失民事行为能力时，依照有关法律的规定确定监护人。"

在本案中，只要小张愿意，王大爷就可以让小张做自己的监护人。如果将来王大爷真的生了病，导致民事行为能力有所减损，那么，小张就要履行监护职责，在一些日常情形下维护王大爷的权益，处理王大爷的事务。

◆ 法律条文

《中华人民共和国老年人权益保障法》

第二十六条　具备完全民事行为能力的老年人，可以在近亲属或者其他与自己关系密切、愿意承担监护责任的个人、组织中协商确定自己的监护人。监护人在老年人丧失或者部分丧失民事行为能力时，依法承担监护责任。

老年人未事先确定监护人的，其丧失或者部分丧失民事行为能力时，依照有关法律的规定确定监护人。

深度解析

我国社会老龄化问题日趋严重，对老年人的权益保护越来越重要。我国法律赋予了老年人自己指定监护人的权利。老年人可以趁自己思维还清晰、行动还便利之时指定自己的监护人，未雨绸缪，为自己的将来做打算。

48. 子女能否拒绝赡养年迈的父母？

◆ 案例分析

唐奶奶已经68岁了，五年前她的老伴儿去世了，仅有的一个儿子也在外闯荡，甚少回家。去年，唐奶奶外出旅游认识了林大爷，二人相处融洽，决定来一段黄昏恋。唐奶奶已经想好了要嫁给林大爷，和他共度剩余的人生，却遭到了儿子的反对。唐奶奶本来身体状况就不太好，自己的婚姻也不能受到儿子的祝福，长期郁郁寡欢，最终病倒了。唐奶奶的病需要大量治疗费，于是，她希望儿子能回家照顾她并承担一部分医药费，却遭到了儿子的拒绝。那么，子女能否拒绝赡养年迈的父母？

子女有赡养父母的义务。作为赡养人，子女对老年人应当尽到生活上照料和精神上慰藉的义务。对此，我国《老年人权益保障法》第15条规定："赡养人应当使患病的老年人及时得到治疗和护理；对经济困难的老年人，应当提供医疗费用。对生活不能自理的老年人，赡养人应当承担照料责任；不能亲自照料的，可以按照老年人的意愿委托他人或者养老机构等照料。"第76条规定："干涉老年人婚姻自由，对老年人负有赡养义务、扶养义务而拒绝赡养、扶养，虐待老年人或者对老年人实施家庭暴力的，由有关单位给予批评教育；构成违反治安管理行为的，依法给予治安管理处罚；构成犯罪的，依法追究刑事责任。"因此，对于病中的年迈父母，子女应当尽力照料，如果父母经济困难的，也应当承担医药费。如果子女拒绝赡养，则应当由有关单位对其批评教育。拒绝赡养情节严重的，甚至能够构成犯罪。

在本案中，唐奶奶的儿子不能干涉唐奶奶的婚姻自由；同时，在唐奶奶病中请求照料时，他应该尽己所能让唐奶奶得到治疗和护理，并且不能够拒绝赡养唐奶奶。唐奶奶儿子的行为应当由有关单位予以批评教育。

◆ 法律条文

《中华人民共和国老年人权益保障法》

第十五条　赡养人应当使患病的老年人及时得到治疗和护理；对经济困难的老年人，应当提供医疗费用。

对生活不能自理的老年人，赡养人应当承担照料责任；不能亲自照料的，可以按照老年人的意愿委托他人或者养老机构等照料。

第七十六条　干涉老年人婚姻自由，对老年人负有赡养义务、扶养义务而拒绝赡养、扶养，虐待老年人或者对老年人实施家庭暴力的，由有关单位给予批评教育；构成违反治安管理行为的，依法给予治安管理处罚；构成犯罪的，依法追究刑事责任。

深度解析

赡养父母，不仅是中华民族的传统美德，更是法律规定的义务。为人子女，一定要尽心尽力地赡养老人。特别是在老人患病时，应当使老人得到及时的治疗和护理，并根据情况承担一定的医药费。如果子女拒绝赡养老人，那么，老人可以拿起法律武器来保护自己的正当权益，要求子女尽到精神和物质上的赡养义务。此外，子女不得干涉老年人的婚姻自由，包括结婚的自由，也包括离婚的自由。

49. 子女能否反对父母捐献器官？

◆ 案例分析

吴爷爷是一名眼科医生，今年58岁。他从医大半辈子，看多了为眼疾所苦的人们，并为此心痛不已。今年，医院组织开展了一次器官捐献的活动，吴爷爷便登记自愿在死后捐献自己的眼角膜，帮助有需要的人重见光明，并在回家后将相关内容写入遗嘱。后来，吴爷爷的儿子小吴知道了这件事，表示强烈反对，他想要父亲死后能保有完整的身体。那么，吴爷爷的儿子可以反对吴爷爷捐献眼角膜吗？

成年人有权自愿捐献自己的器官，任何人无权反对。对此，我国《民法典》第1006条规定："完全民事行为能力人有权依法自主决定无偿捐献其人体细胞、人体组织、人体器官、遗体。任何组织或者个人不得强迫、欺骗、利诱其捐献。完全民事行为能力人依据前款规定同意捐献的，应当采用书面形式，也可以订立遗嘱。自然人生前未表示不同意捐献的，该自然人死亡后，其配偶、成年子女、父母可以共同决定捐献，决定捐献应当采用书面形式。"因此，对于完全民事行为能力人来说，可以完全依照自己的意愿来决定是否捐献自己的器官。但是，需要采用书面形式或者采用遗嘱的形式才能够捐献。

在上面的案例中，吴爷爷凭借自己的意愿，采用书面遗嘱的形式捐献自己的眼角膜，并且在医院进行了登记。吴爷爷有权这样做。虽然吴爷爷的儿子有着十足的孝心，但他并不能阻止吴爷爷捐赠眼角膜的善举。

◆ 法律条文

《中华人民共和国民法典》

第一千零六条 完全民事行为能力人有权依法自主决定无偿捐献其人体细胞、人体组织、人体器官、遗体。任何组织或者个人不得强迫、欺骗、利诱其捐献。

完全民事行为能力人依据前款规定同意捐献的，应当采用书面形式，也可以订立遗嘱。

自然人生前未表示不同意捐献的，该自然人死亡后，其配偶、成年子女、父母可以共同决定捐献，决定捐献应当采用书面形式。

深度解析

随着科学技术的发展，器官捐献越发普遍。对于能够理解自己行为的完全民事行为能力人来说，捐献器官是其拥有的一项权利。只要捐赠人是自愿捐献，且满足了捐献的形式要求，任何人都无法阻止。这样的规定既有益于鼓励器官捐献行为，帮助更多有需要的人拥有健康的身体，也能够加速医学研究的进步，使这个世界变得更加美好。

第七章
公共卫生防疫法律知识

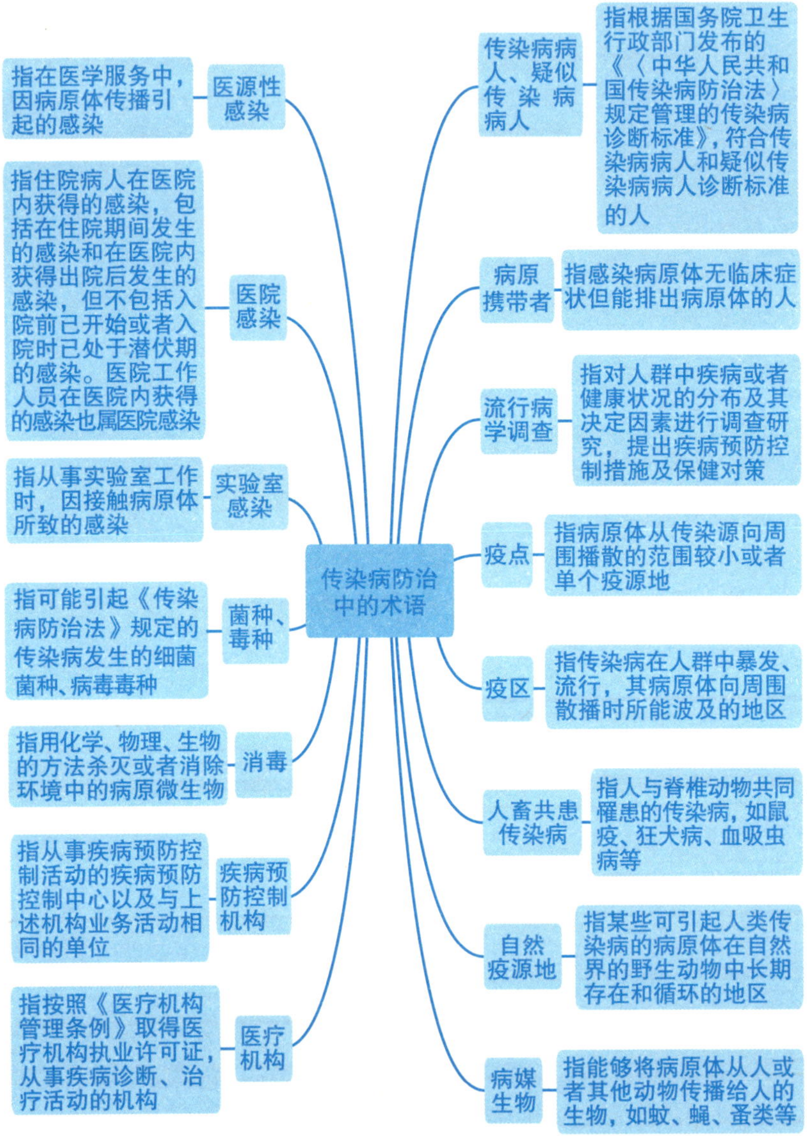
传染病防治中的术语
医源性感染
指在医学服务中，因病原体传播引起的感染
医院感染
指住院病人在医院内获得的感染，包括在住院期间发生的感染和在医院内获得出院后发生的感染，但不包括入院前已开始或者入院时已处于潜伏期的感染。医院工作人员在医院内获得的感染也属医院感染
实验室感染
指从事实验室工作时，因接触病原体所致的感染
菌种、毒种
指可能引起《传染病防治法》规定的传染病发生的细菌菌种、病毒毒种
消毒
指用化学、物理、生物的方法杀灭或者消除环境中的病原微生物
疾病预防控制机构
指从事疾病预防控制活动的疾病预防控制中心以及与上述机构业务活动相同的单位
医疗机构
指按照《医疗机构管理条例》取得医疗机构执业许可证，从事疾病诊断、治疗活动的机构
传染病病人、疑似传染病病人
指根据国务院卫生行政部门发布的《〈中华人民共和国传染病防治法〉规定管理的传染病诊断标准》，符合传染病病人和疑似传染病病人诊断标准的人
病原携带者
指感染病原体无临床症状但能排出病原体的人
流行病学调查
指对人群中疾病或者健康状况的分布及其决定因素进行调查研究，提出疾病预防控制措施及保健对策
疫点
指病原体从传染源向周围播散的范围较小或者单个疫源地
疫区
指传染病在人群中暴发、流行，其病原体向周围散播时所能波及的地区
人畜共患传染病
指人与脊椎动物共同罹患的传染病，如鼠疫、狂犬病、血吸虫病等
自然疫源地
指某些可引起人类传染病的病原体在自然界的野生动物中长期存在和循环的地区
病媒生物
指能够将病原体从人或者其他动物传播给人的生物，如蚊、蝇、蚤类等

传染病防治中的术语

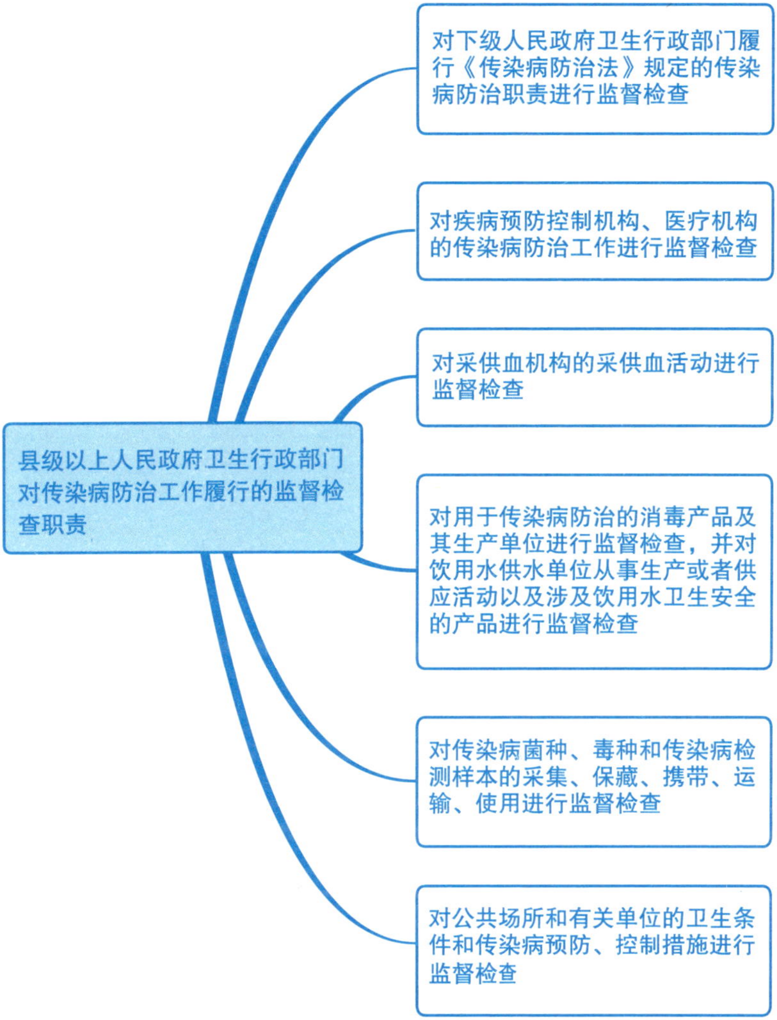

县级以上人民政府卫生行政部门对传染病防治工作履行的监督检查职责

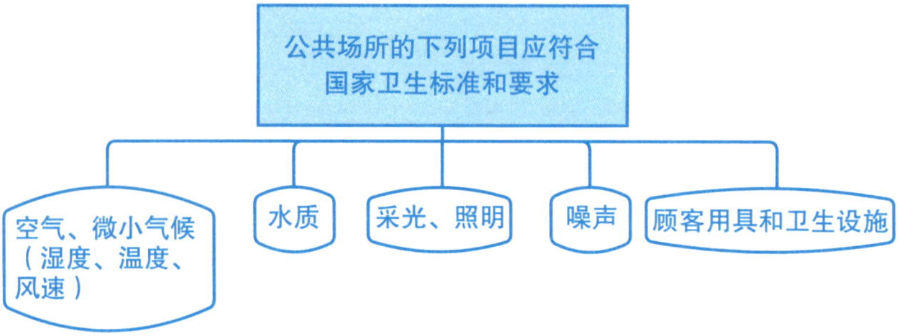

公共场所应符合国家卫生标准和要求的项目

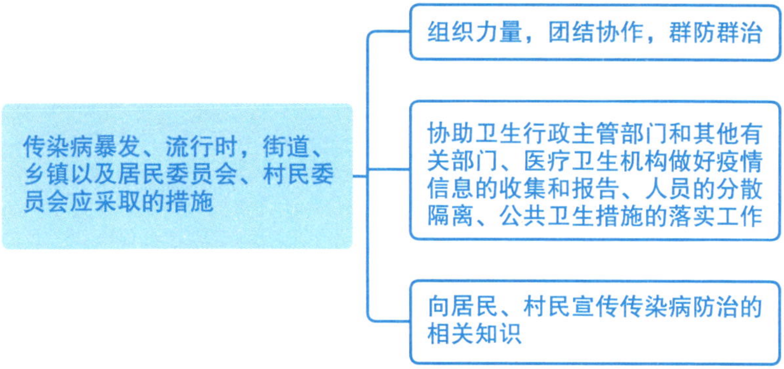

传染病暴发、流行时，街道、乡镇以及居民委员会、村民委员会应采取的措施

在突发事件应急处理工作中，有关单位和个人依法受到相应处罚的情形

- 未依法律规定履行报告职责，隐瞒、缓报或者谎报
- 阻碍突发事件应急处理工作人员执行职务
- 拒绝国务院卫生行政主管部门或者其他有关部门指定的专业技术机构进入突发事件现场
- 不配合调查、采样、技术分析和检验

有关单位和个人依法受到相应处罚的情形

50. 疫情防控人员隐瞒疫情，导致接触人员被隔离的，对直接责任人员如何处理？

◆ 案例分析

受新型冠状病毒肺炎的影响，某地疾控中心决定将工作人员以分管片区的形式，派驻到小区。其中，张某负责甲、乙、丙、丁四个小区。在驻岗期间，张某发现某居民是从疫情高风险地区返回的，没有居家隔离，于是他亲自登门核实，了解到该居民核酸检测结果为阳性。张某确认情况后，考虑到自己负责的片区一旦出现问题，自己可能会被处罚，于是故意瞒报。但是，小区陆续有居民出现症状，导致多人被隔离，引起卫生部门的关注。查证后，卫生部门知晓了张某瞒报一事。那么，张某可能面临什么处罚？

《传染病防治法》第68条规定："疾病预防控制机构违反本法规定，有下列情形之一的，由县级以上人民政府卫生行政部门责令限期改正，通报批评，给予警告；对负有责任的主管人员和其他直接责任人员，依法给予降级、撤职、开除的处分，并可以依法吊销有关责任人员的执业证书；构成犯罪的，依法追究刑事责任：（一）未依法履行传染病监测职责的；（二）未依法履行传染病疫情报告、通报职责，或者隐瞒、谎报、缓报传染病疫情的；（三）未主动收集传染病疫情信息，或者对传染病疫情信息和疫情报告未及时进行分析、调查、核实的；（四）发现传染病疫情时，未依据职责及时采取本法规定的措施的；（五）故意泄露传染病病人、病原携带者、疑似传染病病人、密切接触者涉及个人隐私的有关信息、资料的。”本案中，张某明知所负责的小区有阳性病例，仍然隐瞒事实，导致之后多人因此被隔离，且造成了疫情的扩散，其作为直接责任人员，应当受到处罚。卫生部门可以对其做降级、撤职或开除处分，并可吊销其执业证书。

◆ 法律条文

《中华人民共和国传染病防治法》

第六十八条 疾病预防控制机构违反本法规定，有下列情形之一的，由县级以上人民政府卫生行政部门责令限期改正，通报批评，给予警告；对负有责任的主管人员和其他直接责任人员，依法给予降级、撤职、开除的处分，并可以依法吊销有关责任人员的执业证书；构成犯罪的，依法追究刑事责任：

（一）未依法履行传染病监测职责的；

（二）未依法履行传染病疫情报告、通报职责，或者隐瞒、谎报、缓报传染病疫情的；

（三）未主动收集传染病疫情信息，或者对传染病疫情信息和疫情报告未及时进行分析、调查、核实的；

（四）发现传染病疫情时，未依据职责及时采取本法规定的措施的；

（五）故意泄露传染病病人、病原携带者、疑似传染病病人、密切接触者涉及个人隐私的有关信息、资料的。

深度解析

疫情防控是应对疫情的重要措施，要求相关责任人员在工作中认真负责，及时反馈疫情信息、及时收集和报告相关情况，努力守护好抗击疫情的关卡。在履职过程中，无论是疾控机构本身失职，还是工作人员职责失位，都会造成疫情的扩散，给防疫工作带来严峻挑战。因此，违反规定的相关机构和人员应当依法受到惩处。

51. 小孩无人照料的，家长能否请求居委会临时照顾？

◆ 案例分析

小红今年9岁，她的父母是某市第一医院的医生。在新冠肺炎暴发后，为了在防疫、抗疫工作中贡献自己的力量，她的父母主动请缨奔赴疫情高风险地区。但是，小红年龄尚幼，不能自己居家照顾自己，又没有其他亲属可以依靠，于是，小红的父母在出发前，向小区的居委会申请，其二人在奔赴疫情高风险地区救援期间，由居委会临时照顾小红。在该种情况下，家长能否请求居委会临时照顾被监护人？

在我国，父母是未成年人的法定监护人，但是，遇到紧急情况、突发情况时，可能会导致未成年人出现无人照料的情形，为了更好地保护未成年人的合法权益，我国《民法典》第34条第4款规定："因发生突发事件等紧急情况，监护人暂时无法履行监护职责，被监护人的生活处于无人照料状态的，被监护人住所地的居民委员会、村民委员会或者民政部门应当为被监护人安排必要的临时生活照料措施。"可见，当监护人由于紧急情况，暂时无法履行监护职责时，居委会、村委会或者民政部门都可以提供必要的临时生活照料措施。本案中，小红的父母由于要奔赴疫情高风险地区，暂时无法履行对小红的监护职责，而又没有其他亲属可以委托，出于照顾小红日常生活的需要，小红的父母可以向居委会提出临时照顾的申请，由居委会安排照料措施。

◆ 法律条文

《中华人民共和国民法典》

第三十四条第四款 因发生突发事件等紧急情况，监护人暂时无法履行监护职责，被监护人的生活处于无人照料状态的，被监护人住所地的居民委员会、村民委员会或者民政部门应当为被监护人安排必要的临时生活照料措施。

深度解析

监护人可能由于种种原因不能或者暂时不能履行监护职能，这时，出于对被监护人的安全、生活保障等多方面的考虑，居委会、村委会或者当地的民政部门应当担负起照料责任。另外，居委会、村委会以及民政部门也应当主动做好管辖范围内的工作，及时登记和安排相关工作，避免被监护人得不到及时照料，同时，也要鼓励管辖范围内的居民及时反馈和报告类似情况，以便收集信息，更好地提供保障。

52. 居民能否申请社区工作人员为其办理健康合格证？

◆ 案例分析

新冠疫情得到控制之后，企业响应国家号召，着手准备复工复产。之后，上班族到社区机构请求出具健康通行卡等证明，便于往返公司和小区。小区的刘阿姨、王阿姨听说社区可以办理相关健康证明后，到社区办公室排队，要求工作人员为她们也出具健康合格证，证明自己是健康的，以便到附近饭店打工。但是，负责接待的工作人员告诉二人，健康合格证与健康通行卡等证明不是一回事，开具健康合格证应当到当地的卫生部门。试问，居民到社区机构申请开具健康合格证是否正确？

为了防止疾病传播，保护消费者的健康权益，在公共场所直接为顾客服务的工作人员，确实必须进行健康检查，只有在取得有效的健康合格证明后才能上岗。对此，我国《公共场所卫生管理条例》第7条规定："公共场所直接为顾客服务的人员，持有'健康合格证'方能从事本职工作。患有痢疾、伤寒、病毒性肝炎、活动期肺结核、化脓性或者渗出性皮肤病以及其他有碍公共卫生的疾病的，治愈前不得从事直接为顾客服务的工作。"此外，关于哪些场所是公共场所，该条例第2条也进行了列举。本案中，刘阿姨、王阿姨要去饭店打工，需要持有健康合格证，于是到社区申请开具证明，这属于错误行为，混淆了疫情复工复产期间的健康通行卡的相关证明与服务类行业的健康合格证，其应当按照规定到卫生部门办理。此外，“14 天内无发烧、咳嗽等症状”等健康证明，也不是社区机构开具的事项，亦不是复工复产等必需的证明，社区机构只能根据居民的居住情况给出通行证，而非可以任意开证明。

◆ 法律条文

《公共场所卫生管理条例》

第二条 本条例适用于下列公共场所：

（一）宾馆、饭馆、旅店、招待所、车马店、咖啡馆、酒吧、茶座；

（二）公共浴室、理发店、美容店；

（三）影剧院、录像厅（室）、游艺厅（室）、舞厅、音乐厅；

（四）体育场（馆）、游泳场（馆）、公园；

（五）展览馆、博物馆、美术馆、图书馆；

（六）商场（店）、书店；

（七）候诊室、候车（机、船）室、公共交通工具。

第七条 公共场所直接为顾客服务的人员，持有“健康合格证”方能从事本职工作。患有痢疾、伤寒、病毒性肝炎、活动期肺结核、化脓性或者渗出性皮肤病以及其他有碍公共卫生的疾病的，治愈前不得从事直接为顾客服务的工作。

深度解析

尽管社区机构不能办理健康合格证，但是，居民请求办理的，要告知其办理机构，并及时告知健康合格证的相关内容及岗位的限制，向其讲解办理健康合格证的必要性。对于居民存在混淆相关证明的情况，要及时释明，并在管辖区内及时公告，避免居民因为错误理解而做无用功，方便居民生活。

53. 社区工作人员对于辖区内的公共场所能否进行检查监督?

◆ 案例分析

为了配合某区的卫生检疫工作，甲社区分管卫生工作的工作人员走访了附近的几个宾馆、饭店，集中查看了卫生环境、卫生质量、相关证件等，但是，在走访附近的一家网吧时，工作人员遭到了网吧管理人员的拒绝，该管理人员声称，社区工作人员是服务社区、为居民服务的，无权对自己的经营进行检查和监督，并将社区工作人员驱逐出去。试问，社区工作人员能否对所管片区的公共场所进行检查和监督？

公共场所的人群相对密集，人口流动性较大，容易由于个体原因而遭受污染，进而增大传染性疾病的发生概率，因此，对公共场所进行必要的卫生检查和监督工作尤为重要。对此，我国《公共场所卫生管理条例》第 10 条规定：“各级卫生防疫机构，负责管辖范围内的公共场所卫生监督工作。民航、铁路、交通、厂（场）矿卫生防疫机构对管辖范围内的公共场所，施行卫生监督，并接受当地卫生防疫机构的业务指导。”第 12 条规定：“卫生防疫机构对公共场所的卫生监督职责：（一）对公共场所进行卫生监测和卫生技术指导；（二）监督从业人员健康检查，指导有关部门对从业人员进行卫生知识的教育和培训。”可见，卫生防疫部门是负责检查和监督的主要部门，对于发现的卫生问题可以提出整改，以及对相关人员进行卫生知识的培训和指导。但同时，社区机构作为配合卫生部门的机构，为了保证公共场所的安全，根据卫生部门的指示，当然有权进行一定的检查和监督工作，有利于增强公共场所服务人员的卫生意识。本案中，面对社区工作人员的登门检查，网吧管理人员不积极配合是错误的。在社区内，分管卫生工作的人员，根据卫生部门等的指示和安排，可以进行必要的检查工作，以更好地为民众提供良好的就餐、娱乐等环境。

◆ 法律条文

《公共场所卫生管理条例》

第十条　各级卫生防疫机构，负责管辖范围内的公共场所卫生监督工作。

民航、铁路、交通、厂（场）矿卫生防疫机构对管辖范围内的公共场所，施行卫生监督，并接受当地卫生防疫机构的业务指导。

第十二条　卫生防疫机构对公共场所的卫生监督职责：

（一）对公共场所进行卫生监测和卫生技术指导；

（二）监督从业人员健康检查，指导有关部门对从业人员进行卫生知识的教育和培训。

深度解析

社区工作人员配合卫生部门进行相关卫生检查工作，有利于增强公共场所营业人员的法律意识和卫生意识，对于排查中发现的问题，社区工作人员可以当场提出整改意见，对于被检查人员的意见应当及时听取，对于其提问应当及时解答。社区工作人员应当努力做好卫生监督工作。

54. 居委会在垃圾分类中的工作职责有哪些?

◆ 案例分析

某月，某市正式开展垃圾分类工作，居委会作为组织垃圾分类的中坚力量，积极投入垃圾分类的工作中。某居委会为了更好地向居民宣传垃圾分类，通过座谈会、微信群、发传单、实地走访等多种方式进行垃圾分类知识的讲解，真正地让大家了解垃圾分类。该居委会还成立了垃圾分类帮扶和监督小组，在早晚高峰时段帮助大家进行垃圾分类与投放。那么，居委会在垃圾分类中的工作职责有哪些?

垃圾分类，是贯彻落实新发展理念、建立健全绿色低碳循环经济体系的重要措施，是造福子孙后代的系统工程。垃圾分类需要全民的共同参与。居委会作为提供便民服务的社区工作主体，成了全面推行垃圾分类的基层组织。根据《城市居民委员会组织法》第3条的规定，协助人民政府或其派出机关做好与居民利益有关的公共卫生工作是居委会的任务之一，因此，推进垃圾分类制度、协助政府有关部门做好垃圾分类工作自然也是其应当履行的职责之一。

实践中，居委会在垃圾分类工作中的职责大致可以概括为以下几点:

第一，宣传垃圾分类政策与知识，动员居民广泛参与;

第二，监督居民与物业公司实行垃圾分类的情况，对违反垃圾分类的行为进行批评教育等；

第三，与物业公司密切配合，对物业公司既要管又要帮，指导并协助物业公司做好垃圾分类工作，协调各类社会和政府资源，协助物业公司或承担攻坚任务，帮助其解决重点难题；

第四，收集各类意见，处理各种关于垃圾分类的困难；

第五，确定各种垃圾分类的实施方式，如设置垃圾集中投放时间、安排垃圾投放点执勤人员等；

第六，其他相关职责。

◆ 法律条文

《中华人民共和国城市居民委员会组织法》

第三条　居民委员会的任务：

……

（五）协助人民政府或者它的派出机关做好与居民利益有关的公共卫生、计划生育、优抚救济、青少年教育等项工作；

……

深度解析

随着更多地区逐渐通过有关垃圾分类的法规，垃圾分类已经被逐步提到法律层面，如2019年7月1日，被称为“史上最严”的垃圾分类措施——《上海市生活垃圾管理条例》在上海正式实施。居委会作为基层群众自治组织，依法负有组织垃圾分类的重要职责。各居委会应采取行之有效的宣传措施和工作方式，做好垃圾分类的宣传和指导工作，配合上级部门开展生活垃圾分类投放工作，以自身实际行动解决垃圾分类难的问题。

第八章
社区矫正法律知识

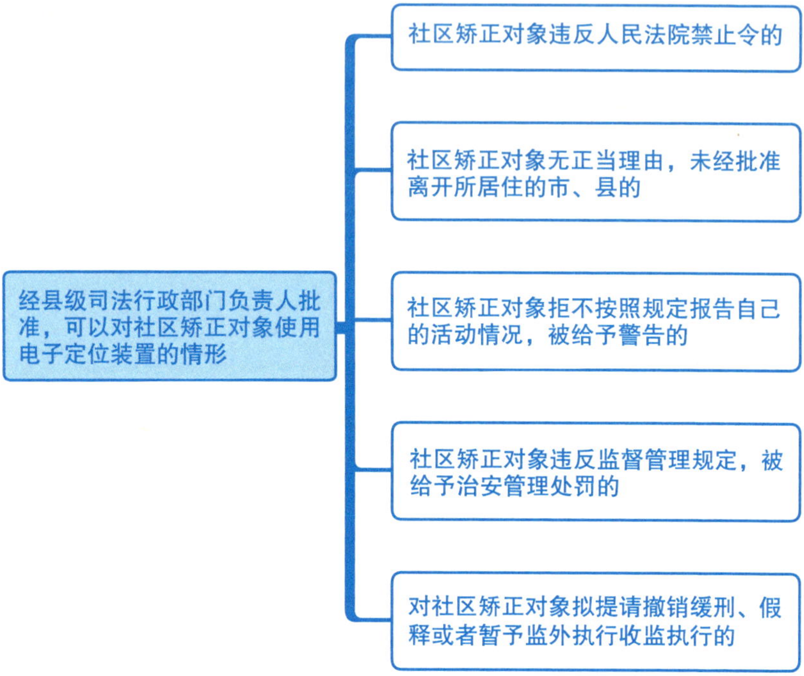

经县级司法行政部门负责人批准，
可以对社区矫正对象使用电子定位装置的情形

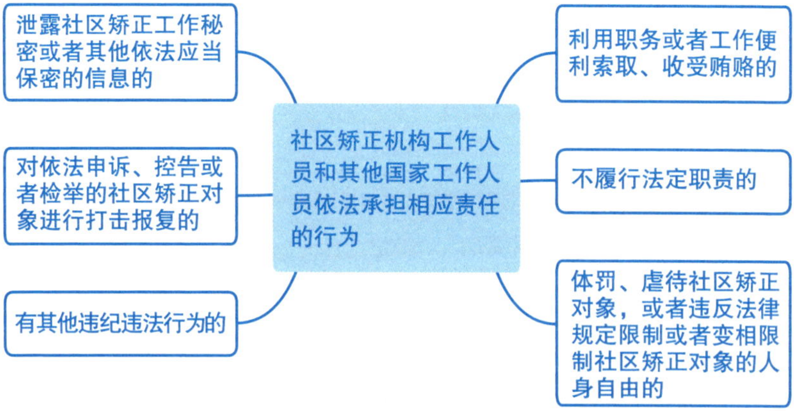

社区矫正机构工作人员和其他国家工作人员依法承担相应责任的行为

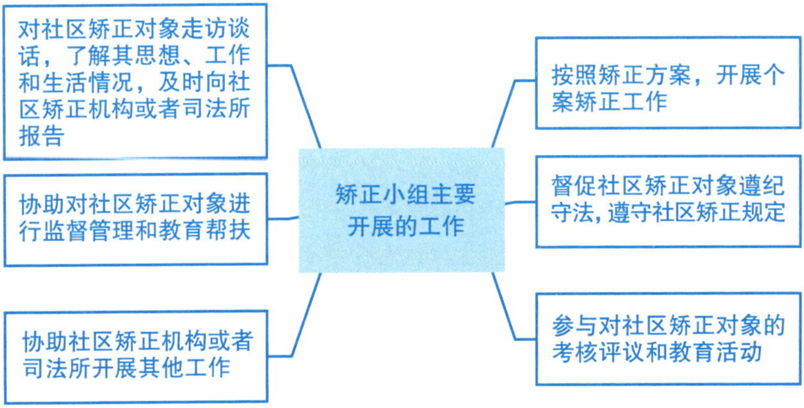

矫正小组主要开展的工作

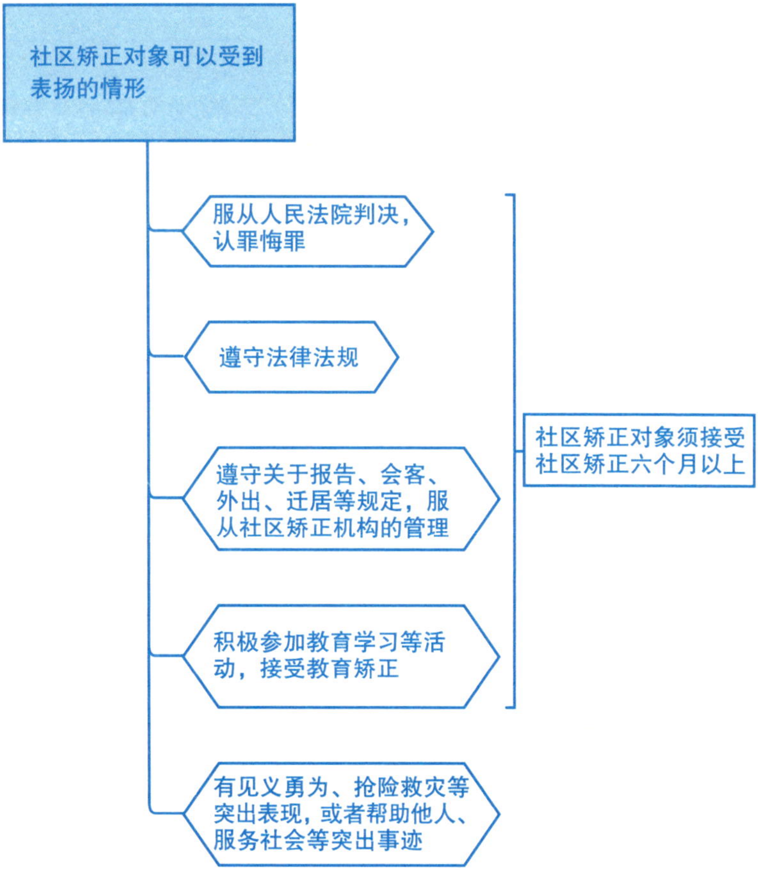

社区矫正对象可以受到表扬的情形

- 针对社区矫正对象的训诫和警告
  - 执行地县级社区矫正机构应当给予训诫的情形
    - 不按规定时间报到或者接受社区矫正期间脱离监管，未超过十日的
    - 违反关于报告、会客、外出、迁居等规定，情节轻微的
    - 不按规定参加教育学习等活动，经教育仍不改正的
    - 其他违反监督管理规定，情节轻微的
  - 执行地县级社区矫正机构应当给予警告的情形
    - 违反人民法院禁止令，情节轻微的
    - 不按规定时间报到或者接受社区矫正期间脱离监管，超过十日的
    - 违反关于报告、会客、外出、迁居等规定，情节较重的
    - 保外就医的社区矫正对象无正当理由不按时提交病情复查情况，经教育仍不改正的
    - 受到社区矫正机构两次训诫，仍不改正的
    - 其他违反监督管理规定，情节较重的

针对社区矫正对象的训诫和警告

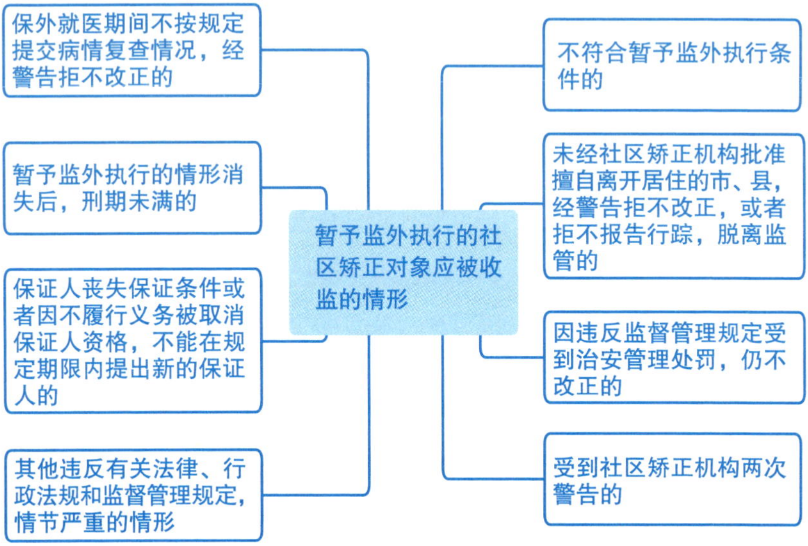

暂予监外执行的社区矫正对象应被收监的情形

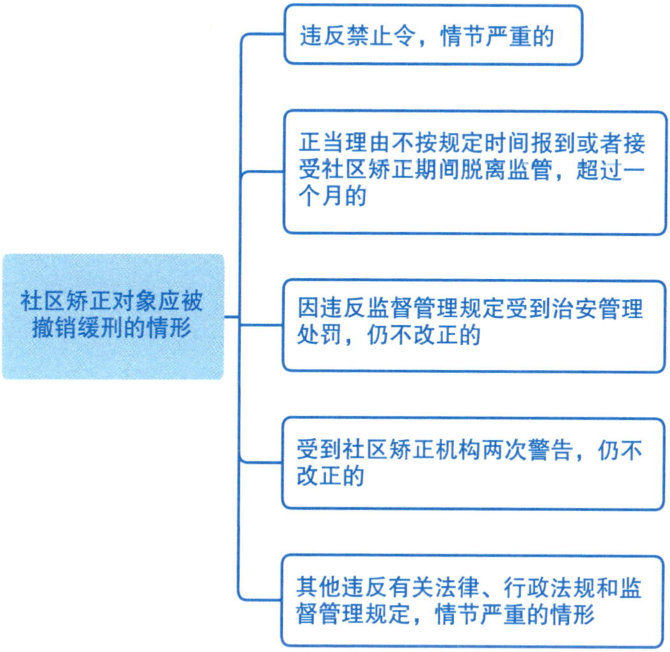

社区矫正对象应被撤销缓刑的情形

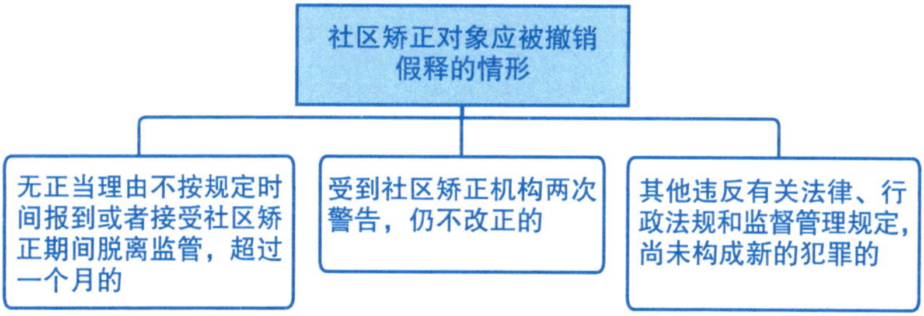

社区矫正对象应被撤销假释的情形

55. 居委会人员陪同国家机关工作人员进行调查时，是否有义务保守秘密？

◆ 案例分析

高某与罗某因邻里纠纷发生口角，高某对罗某大打出手，用石头砸伤其胸部，经鉴定已经构成轻伤，于是高某被检察院以故意伤害罪提起公诉，但是事后高某积极赔偿，认罪态度良好，于是法院依法对其宣告缓刑。当地社区矫正机构对高某进行调查时，邀请居委会人员陪同调查。那么居委会人员陪同社区矫正机构人员进行调查时，是否有义务对高某的个人情况进行保密呢？

高某被宣告缓刑之后，社区矫正机构应当依法对其居所情况、家庭和社会关系、犯罪行为的后果和影响、居住地居民委员会和被害人意见、拟禁止的事项、社会危险性、对所居住社区的影响等情况进行调查了解。在社区矫正机构人员的调查过程中，如果有居委会的陪同或者参与，居委会人员需要遵守保密义务。首先，居委会人员对自己所掌握的高某的住所等个人隐私情况，不得随意向第三人透露，否则就是在侵犯高某作为一个公民的隐私权，只有在出于配合社区矫正机构的工作需要时才需据实陈述；其次，在居委会人员陪同社区矫正机构人员进行调查时，居委会可能会对高某的家庭关系、社会关系等个人隐私有更深入的了解，此时居委会人员更要严格遵守保密义务，不得对外宣扬高某的隐私情况。对此，《社区矫正法实施办法》第14条第3款有明确的规定："对调查评估意见以及调查中涉及的国家秘密、商业秘密、个人隐私等信息，应当保密，不得泄露。"因此，居委会人员在陪同社区矫正机构进行调查评估时，对涉及的相关秘密和个人隐私均应当保密，这是其法定义务。

◆ 法律条文

《中华人民共和国社区矫正法实施办法》

第十四条第三款　对调查评估意见以及调查中涉及的国家秘密、商业秘密、个人隐私等信息，应当保密，不得泄露。

深度解析

任何人对配合国家机关工作人员履行职责时所知悉的他人隐私都负有保密义务，非经法定程序、非有法定事由不得随意对外披露，否则就是对他人的侵权行为，会受到相应的惩罚。

56. 社区矫正对象未经批准接触被害人时，社区人员知晓后应该如何处理？

◆ 案例分析

郑某某因与黄某某存在工作上的分歧，故意砸坏黄某某停放在公司门口的汽车，被人民法院以故意毁坏财物罪判处有期徒刑两年，缓刑三年，在某区司法所接受社区矫正。郑某某在社区矫正期间，对此事怀恨在心。由于二人居住在同一社区，于是郑某某多次在未经批准的情况下去黄某某家中讨要说法，并对其进行谩骂。黄某某忍无可忍，向居委会反映这一情况。那么，此时居委会应该如何处理呢？

社区矫正作为一种非监禁刑罚执行活动，具有惩罚功能。对于社区矫正对象来说，由于自己的行为已经构成犯罪，一部分法定权利就因此被限制和剥夺了。这意味着社区矫正对象必须服从矫正组织的管理和教育，遵守各项矫正制度。为了保证社区矫正的效果，法律为社区矫正对象施加了一项义务，那就是未经批准，社区矫正对象不得接触某些特定人群，这些特定人群包括：社区矫正对象犯罪案件中的被害人、控告人、举报人，以及同案犯等可能诱发其再犯罪的人。在本案例中，黄某某属于郑某某故意毁坏财物案中的被害人，因此是社区矫正对象禁止接触的法定人员。居委会作为维护社区和谐、辅助监督社区矫正对象的主体，对于郑某某违反规定接触被害人黄某某的行为，显然不能坐视不管，而应当尽快将该情况上报给社区矫正机构，由社区矫正机构对郑某某进行相应的管理和处罚。

◆ 法律条文

《中华人民共和国社区矫正法实施办法》

第二十五条　未经执行地县级社区矫正机构批准，社区矫正对象不得接触其犯罪案件中的被害人、控告人、举报人，不得接触同案犯等可能诱发其再犯罪的人。

深度解析

法律之所以规定社区矫正对象不得接触特定的人，是为了最大限度地排除影响社区矫正的不利因素，既能更好地对社区矫正对象进行帮扶教育，也能维护相关人群的权益。

57. 在哪些情况下，社区人员可以上报申请对社区矫正对象使用电子定位装置?

◆ 案例分析

近日，社区矫正对象康某因偷盗他人晾晒的衣物被该市公安局某区分局依法处以行政拘留和罚款的治安管理处罚。该区街道办事处工作人员接到群众反映后，将情况报告给了区司法所，并建议对康某使用电子定位装置。区司法所为了对康某实行重点监管，研究决定对康某使用电子定位装置。那么，在哪些情况下，可以给社区矫正对象使用电子定位装置呢?

在本案中，康某违反监督管理规定，被给予治安管理处罚，这属于可以对社区矫正对象使用电子定位装置的法定情形。除此之外，社区矫正对象有以下情形之一的，就可以对其使用电子定位装置：违反人民法院禁止令的；无正当理由，未经批准离开所居住的市、县的；拒不按照规定报告自己的活动情况，被给予警告的；拟提请撤销缓刑、假释或者暂予监外执行收监执行的。

◆ 法律条文

《中华人民共和国社区矫正法》

第二十九条第一款 社区矫正对象有下列情形之一的，经县级司法行政部门负责人批准，可以使用电子定位装置，加强监督管理：

（一）违反人民法院禁止令的；

（二）无正当理由，未经批准离开所居住的市、县的；

（三）拒不按照规定报告自己的活动情况，被给予警告的；

（四）违反监督管理规定，被给予治安管理处罚的；

（五）拟提请撤销缓刑、假释或者暂予监外执行收监执行的。

深度解析

给社区矫正对象使用电子定位装置可以大大降低监管成本，以科学的精细化过程管控有效降低矫正人员的违规率和重犯率，通过数据分析系统，及时获取矫正人员的情况，使工作人员能有针对性地开展教育，最终真正实现社区矫正对象回归社会这一核心目的。

58. 居委会有权决定社区矫正对象能否参加选举吗?

◆ 案例分析

2020 年 8 月，匡某因犯诈骗罪被人民法院判处有期徒刑两年，缓刑三年。判决生效后，匡某按时到区司法所报到，接受社区矫正。2020 年 12 月，匡某所在的社区居委会要进行换届选举，匡某拟参加选举时，却被居委会选举领导小组以罪犯不享有选举权为由拒绝了。那么，居委会选举小组是否有权决定匡某能否参加选举呢?

选举权是公民的基本政治权利，由宪法赋予，神圣不可侵犯。根据我国《宪法》第 34 条的规定:“中华人民共和国年满十八周岁的公民，不分民族、种族、性别、职业、家庭出身、宗教信仰、教育程度、财产状况、居住期限，都有选举权和被选举权;但是依照法律被剥夺政治权利的人除外。”由此可见，只有被剥夺政治权利的罪犯，选举权与被选举权才会被剥夺。并且，政治权利的剥夺必须由人民法院根据犯罪性质、情节等来决定，任何其他机构、组织和个人都无权剥夺他人的政治权利。因此本案中，虽然匡某是罪犯身份，但是其并没有被判处剥夺政治权利的附加刑，仍旧享有选举权和被选举权。居委会选举小组以匡某是罪犯身份为由拒绝其行使选举权的做法是错误的。

◆ 法律条文

《中华人民共和国宪法》

第三十四条　中华人民共和国年满十八周岁的公民，不分民族、种族、性别、职业、家庭出身、宗教信仰、教育程度、财产状况、居住期限，都有选举权和被选举权；但是依照法律被剥夺政治权利的人除外。

《中华人民共和国刑法》

第五十四条　剥夺政治权利是剥夺下列权利：

（一）选举权和被选举权；

……

第五十八条　附加剥夺政治权利的刑期，从徒刑、拘役执行完毕之日或者从假释之日起计算；剥夺政治权利的效力当然施用于主刑执行期间。

被剥夺政治权利的犯罪分子，在执行期间，应当遵守法律、行政法规和国务院公安部门有关监督管理的规定，服从监督；不得行使本法第五十四条规定的各项权利。

深度解析

由于违法犯罪行为，犯罪分子的部分权利可能会受到剥夺或者限制，这是法律对违反犯罪行为的负面评价；但是应当注意，选举权与被选举权作为公民最基本的政治权利，非经法定程序，任何人都不得随意剥夺。

59. 社区矫正对象有财产继承权吗？

◆ 案例分析

高某，男，今年68岁，因犯盗窃罪被判处拘役，依法在某区司法所接受社区矫正。在社区矫正期间，高某的配偶秦某突然去世，留下一笔遗产。高某拟参与这笔遗产的继承，但是由于两人结婚年代较早，名字也没有在同一个户口本上，于是高某去找社区人员开一份证明，此时社区工作人员却告诉他，由于高某处于社区矫正期间，所以不能继承妻子的遗产，没有必要开这份证明。那么，高某有继承权吗？

像高某这样的社区矫正对象是依法享有继承权的。关于继承人丧失继承权的特定情形，我国《民法典》第1125条第1款作出了具体规定："继承人有下列行为之一的，丧失继承权：（一）故意杀害被继承人；（二）为争夺遗产而杀害其他继承人；（三）遗弃被继承人，或者虐待被继承人情节严重；（四）伪造、篡改、隐匿或者销毁遗嘱，情节严重；（五）以欺诈、胁迫手段迫使或者妨碍被继承人设立、变更或者撤回遗嘱，情节严重。"也就是说，继承人存在杀害、遗弃、虐待被继承人，杀害其他继承人或有伪造遗嘱等行为时，才丧失继承权，除此之外，继承人并不会因其他犯罪类型丧失继承权。由此可知，在本案中，高某虽然因犯盗窃罪被法院判处拘役，但这并不符合我国《民法典》中规定的丧失继承权的法定情形，也没有法律规定社区矫正对象不能继承遗产。因此，高某仍然享有继承权，社区工作人员的说法是不正确的。

◆ 法律条文

《中华人民共和国民法典》

第一千零六十一条　夫妻有相互继承遗产的权利。

第一千一百二十五条　继承人有下列行为之一的，丧失继承权：

（一）故意杀害被继承人；

（二）为争夺遗产而杀害其他继承人；

（三）遗弃被继承人，或者虐待被继承人情节严重；

（四）伪造、篡改、隐匿或者销毁遗嘱，情节严重；

（五）以欺诈、胁迫手段迫使或者妨碍被继承人设立、变更或者撤回遗嘱，情节严重。

继承人有前款第三项至第五项行为，确有悔改表现，被继承人表示宽恕或者事后在遗嘱中将其列为继承人的，该继承人不丧失继承权。

受遗赠人有本条第一款规定行为的，丧失受遗赠权。

深度解析

继承权是公民基本的民事权利，如果社区矫正对象是因为我国《民法典》第1125条规定的行为而被处罚，则丧失继承权。否则，继承人因犯其他罪行而被判处有期徒刑、无期徒刑、死刑或者附加剥夺政治权利时，都不丧失继承权。因此，在处理继承权纠纷的案件时，不能因某继承人暂在服刑而剥夺其继承权。

第九章 治安管理法律知识

- 治安管理处罚的种类
  - 警告
  - 罚款
  - 行政拘留
  - 吊销公安机关发放的许可证
  - 对违反治安管理的外国人，可以附加适用限期出境或者驱逐出境

治安管理处罚的种类

- 违反治安管理，减轻处罚或者不予处罚的情形
  - 情节特别轻微的
  - 主动消除或者减轻违法后果，并取得被侵害人谅解的
  - 出于他人胁迫或者诱骗的
  - 主动投案，向公安机关如实陈述自己的违法行为的
  - 有立功表现的

违反治安管理，减轻处罚或者不予处罚的情形

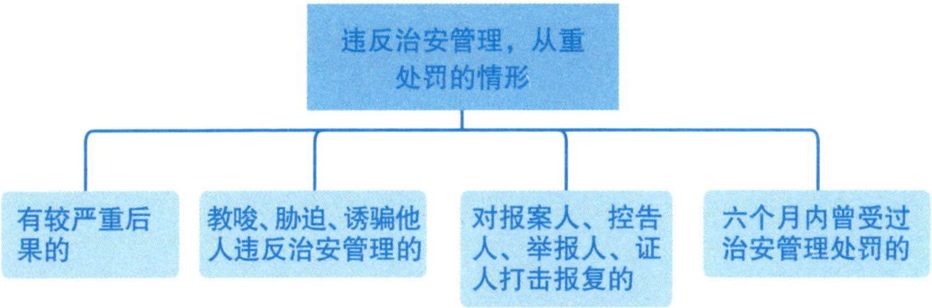

违反治安管理，从重处罚的情形

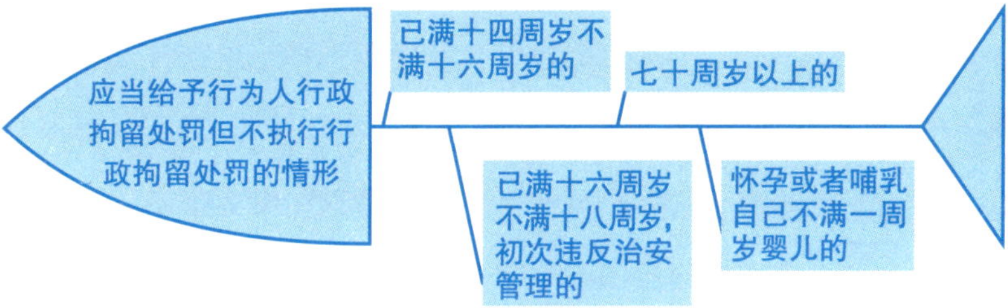

应当给予行为人行政拘留处罚但不执行行政拘留处罚的情形

60. 精神病人伤害他人是否会受到处罚?

◆ 案例分析

小可是一名患有间歇性精神病的孩子。为了防止小可乱跑惹事，父亲经常把他锁在家里。一天，小可悄悄从窗户缝隙溜出去，到小区的花园和别的孩子一起玩耍。突然，一个骑滑板车的小男孩不小心撞到了小可，小可惊慌之下突然发病，将小男孩及其奶奶打伤。小男孩的父母喊来了居委会的人，居委会工作人员将小可控制住后联系了小可的父亲。小可的父亲向小男孩的家人道歉，但不接受要将小可送往公安局处罚的决定。小可的父亲告知小男孩家人及居委会人员，小可是精神病人，公安机关不能对他进行处罚。那么请问，精神病人伤害他人是否会受到处罚?

在本案中，小可发病的时候实施的违反治安管理的行为，不会受到处罚。《治安管理处罚法》第13条明确规定，精神病人在不能辨认或者不能控制自己行为的时候违反治安管理的，不予处罚，但是应当责令其监护人严加看管和治疗。间歇性的精神病人在精神正常的时候违反治安管理的，应当给予处罚。根据该条规定可知，法律对于完全不具有辨认和控制自己行为能力的精神病人实施的违法行为是不进行处罚的，但这并不意味着完全地放任，精神病人的监护人是有严加看管和治疗的义务的。当然，精神病人除了上述完全不具备行为能力的，还有一种间歇性的，其行为能力要根据精神状态的情况进行区分，因此要认定是否能够给予其行政处罚，就要首先区分其作出违法行为时的精神状态。本案中，小可的父亲主张公安机关不能对小可进行行政处罚，需要提供相关证明或者公安机关经过鉴定认定小可是精神病人，且实施违法行为时不具备辨认和控制自己行为的能力。

◆ 法律条文

《中华人民共和国治安管理处罚法》

第十三条 精神病人在不能辨认或者不能控制自己行为的时候违反治安管理的，不予处罚，但是应当责令其监护人严加看管和治疗。间歇性的精神病人在精神正常的时候违反治安管理的，应当给予处罚。

深度解析

责任能力作为一个人能够辨认和控制自己行为并能对自己的行为负责的能力，受责任年龄和行为人的精神状态影响。有些行为人由于疾病的原因，不能辨认或控制自己的行为而实施了对社会有危害的行为，法律也不能追究行为人的法律责任。因此为了保障公民的合法利益，法律对于这类无民事行为能力人或限制民事行为能力人作出规定以及区分，在法定的情形下，使其免于处罚。

61. 房屋出租人将房屋出租给没有身份证的人，是否会受到处罚？

◆ 案例分析

陈某在郊区有一套闲置的房子想出租，发布招租信息后没过两天就接到了一通求租电话，是女孩郭某打来的。郭某联系陈某看过房屋后很满意，当即打算交付一年的房屋租金。陈某甚是开心，便按照居委会要求的小区房屋出租登记流程为郭某办理相关手续，其中身份证件是必备信息，岂料郭某表示自己刚辍学从老家来到市里，还没来得及办身份证，并再三强调自己肯定不会干违法乱纪的事情。陈某相信了郭某，收下租金后便直接将房屋租给了郭某。一个月后，陈某接到公安局的电话，说警方在其房屋内发现郭某从事卖淫行为，已经将郭某抓获。那么请问，陈某是否会受到处罚？

城市的发展，带动了出租屋的发展，出租屋在为人们提供安稳的居所的同时，也给不少租客在房屋内实施传销、制售假发票等违法行为提供了便利。此时，房屋出租人对承租人身份信息进行核实、登记就显得尤为重要。《治安管理处罚法》第 57 条第 1 款规定，房屋出租人将房屋出租给无身份证件的人居住的，或者不按规定登记承租人姓名、身份证件种类和号码的，处 200 元以上 500 元以下罚款。在本案中，陈某作为房屋出租人，对租客郭某有核实登记身份信息的义务，但是其在郭某的哄骗下，将房屋出租给了没有身份证件的郭某，这已经违反了前述法律规定，因此，陈某依法会被处以200元以上500元以下罚款。

◆ 法律条文

《中华人民共和国治安管理处罚法》

第五十七条 房屋出租人将房屋出租给无身份证件的人居住的，或者不按规定登记承租人姓名、身份证件种类和号码的，处二百元以上五百元以下罚款。

房屋出租人明知承租人利用出租房屋进行犯罪活动，不向公安机关报告的，处二百元以上五百元以下罚款；情节严重的，处五日以下拘留，可以并处五百元以下罚款。

深度解析

房主出租房屋已经成为房地产交易的重要组成部分，为了更好地改善辖区的治安环境，减少传销、卖淫、赌博等案件的发生，同时也为了出租屋房东及其周围居民的人身安全，法律规定出租人要对承租人的身份信息进行登记，出租人没有履行该义务的，将会受到相应的处罚。

62. 制造噪声干扰他人的行为是否属于违法行为？

◆ 案例分析

梁某今年55岁，平时没什么爱好，生活十分单调。今年6月，退休后的梁某迷上了跳广场舞，每天她都会提着音响到小区广场上和舞友们跳舞。自从跳舞之后，梁某整个人都变得神采奕奕。直到7月中旬的一天早上，梁某正开心地在小区的广场上跳舞时，居委会的人过来，叫停了他们。居委会工作人员告诉梁某，他们跳舞播放的音乐声音过大，已经严重影响小区居民的正常生活，不少居民将此情况反映到居委会，所以希望他们能够关闭或调小音响音量，不要影响他人，但梁某不以为意。那么，梁某制造噪声干扰他人的行为是否属于违法行为，会受到处罚吗？

人类是群居生物，对生活环境的要求也是极高的，除了空气污染之外，噪声污染也让我们无法忍受。噪声作为一种容易引人烦躁甚至危害人体健康的声音，不仅会影响人的生活安宁，还会影响人的身心健康。基于此，《环境噪声污染防治法》第46条明确规定："使用家用电器、乐器或者进行其他家庭室内娱乐活动时，应当控制音量或者采取其他有效措施，避免对周围居民造成环境噪声污染。"对于违反该规定的行为，《治安管理处罚法》第58条规定了处罚措施："违反关于社会生活噪声污染防治的法律规定，制造噪声干扰他人正常生活的，处警告；警告后不改正的，处二百元以上五百元以下罚款。”因此，本案中梁某长期大音量播放歌曲跳舞的行为违反了社会生活噪声污染防治的法律规定，其应当承担警告、罚款等处罚的后果。

◆ 法律条文

《中华人民共和国环境噪声污染防治法》

第四十六条　使用家用电器、乐器或者进行其他家庭室内娱乐活动时，应当控制音量或者采取其他有效措施，避免对周围居民造成环境噪声污染。

《中华人民共和国治安管理处罚法》

第五十八条　违反关于社会生活噪声污染防治的法律规定，制造噪声干扰他人正常生活的，处警告；警告后不改正的，处二百元以上五百元以下罚款。

深度解析

随着城市化的快速发展，城市噪声污染已成为仅次于大气污染和水污染的第三大城市污染类型，影响着人们的生活质量和幸福指数。好在国家对日益严重的噪声污染问题越来越重视，出台了专门的法律来约束人们的行为，在此也提醒居民遇到噪声问题时一定要及时维权。

63. 将被依法查封的车辆毁损，是否会受到处罚？

◆ 案例分析

韩某于2018年3月向刘某借了20万元钱用于生意周转，约定2019年3月连本带息偿还刘某20.5万元。借款到期后，韩某无力偿还，刘某多次催告无果。2020年1月，刘某向人民法院起诉，要求韩某偿还借款本金及利息。为了保证后续的执行顺利进行，刘某向法院申请了财产保全，查封了韩某名下的一辆车。韩某的车被查封后，其找到刘某协商还款事宜，但未达成一致意见，二人还为此起了冲突。情急之下，韩某将自己被查封的车辆砸坏，表示不会让刘某拿到1分钱。那么请问，韩某毁损被查封的车辆的行为是否应该受到处罚？

韩某的行为违反了治安管理处罚法，应该受到处罚。根据《治安管理处罚法》第60条的规定，隐藏、转移、变卖或者损毁行政执法机关依法扣押、查封、冻结的财物的，处5日以上10日以下拘留，并处200元以上500元以下罚款。由此可见，对于依法扣押、查封、冻结的财物，任何人不得隐藏、转移、变卖或者损毁。在本案中，韩某将法院已经查封的车辆毁损，严重损害了刘某的利益，已经触犯了该法的规定，因此会受到5日以上10日以下拘留，并处200元以上500元以下罚款的处罚。

◆ 法律条文

《中华人民共和国治安管理处罚法》

第六十条 有下列行为之一的，处五日以上十日以下拘留，并处二百元以上五百元以下罚款：

（一）隐藏、转移、变卖或者损毁行政执法机关依法扣押、查封、冻结的财物的；

……

深度解析

行政执法机关在执法过程中，有时需要依法扣押、查封、冻结涉案的财物，如扣押假冒伪劣产品、冻结贩假者的银行账户。未经执法机关批准，随意处置这些被扣押、查封、冻结的财产是一种违法行为，提醒广大居民一定要防止此类违法行为发生。

64. 店家强迫他人购买商品是否应受到处罚?

◆ 案例分析

小名是一名大二的学生，周末在和朋友逛商场的过程中被一名化妆品推销员拦下，邀其进店免费做皮肤检测并领取一张补水面膜。小名和朋友受不住推销员的软磨硬泡，进入了化妆品店。进店后，小名就被一名店员安排躺下，店员在其脸上涂抹了护肤品，并用仪器进行检测。结束后，店员告诉小名，她的毛孔经检测堵塞严重，需要进行疏通，于是向其极力推销一款护肤品。小名明确表示拒绝，但店员表示其检测时已经使用了该产品，必须购买，否则就不让其离开。小名觉得店员的做法属于强买强卖，是违法的。那么，店员的行为是否属于强买强卖，是否会受到处罚呢?

强买强卖，是指强迫他人提供服务或者接受其提供的服务的一种强迫交易行为，由于该行为严重违背了交易一方的意愿，违反了交易中最基本的平等自愿原则，因此被法律明令禁止。我国《治安管理处罚法》第 46 条明确规定，强买强卖商品，强迫他人提供服务或者强迫他人接受服务的，处 5 日以上 10 日以下拘留，并处 200 元以上 500 元以下罚款；情节较轻的，处 5 日以下拘留或者 500 元以下罚款。在本案中，化妆品店店员以免费检测的名义吸引了顾客小名，未经其同意让其使用了护肤品，后又以此为由要求其必须购买，已经构成了强买强卖，是违反上述规定的，因此，公安机关应该依照法律对化妆品店作出行政处罚的决定。

◆ 法律条文

《中华人民共和国治安管理处罚法》

第四十六条　强买强卖商品，强迫他人提供服务或者强迫他人接受服务的，处五日以上十日以下拘留，并处二百元以上五百元以下罚款；情节较轻的，处五日以下拘留或者五百元以下罚款。

深度解析

自愿是市场交易最基本的原则，是市场得以存在的最本质的体现。强买强卖明显地破坏了自由、平等的社会主义市场经济秩序。对于这样的违法行为，要严厉地制裁，以保证市场经济能够健康、平稳地向前发展。

第十章
党纪与刑事法律知识

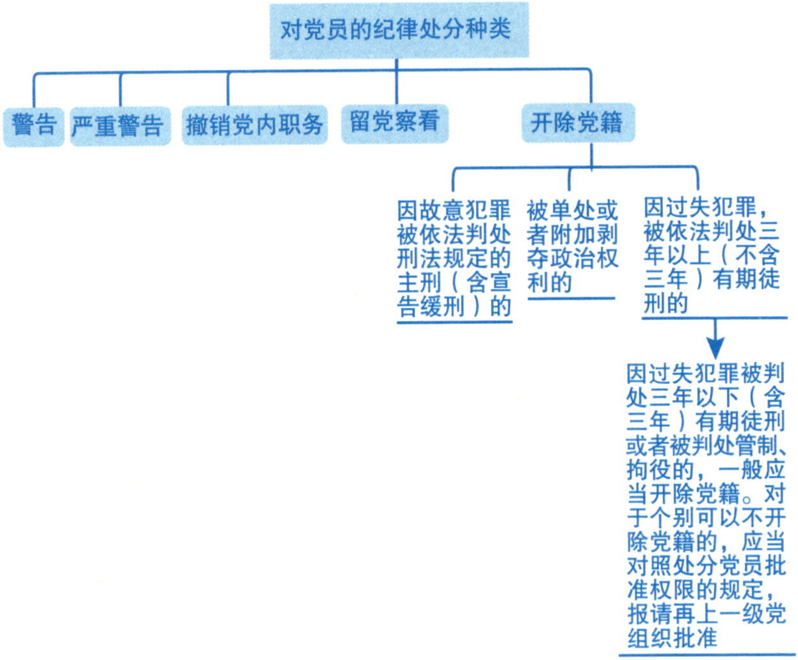

对党员的纪律处分种类

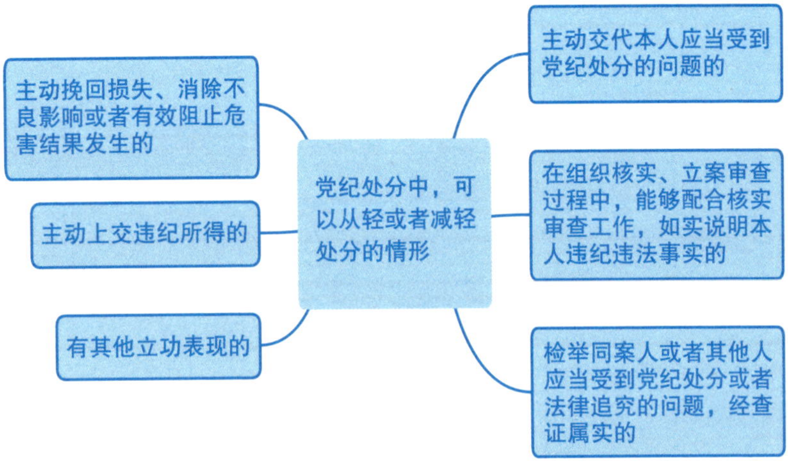

党纪处分中，可以从轻或者减轻处分的情形

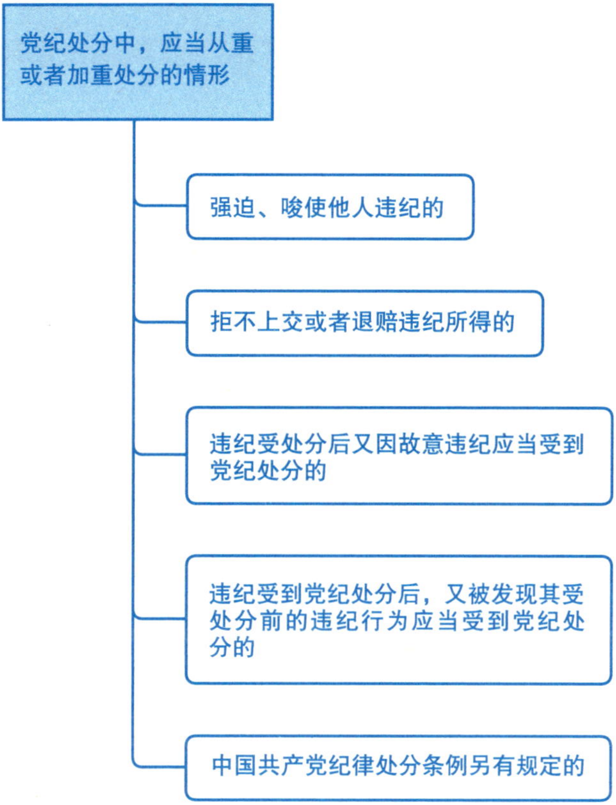

党纪处分中，应当从重或者加重处分的情形

65. 社区党员干部办事时故意刁难群众、吃拿卡要，将会受到怎样的处分？

◆ 案例分析

石某从事社区工作已经有十多年的时间，她办事态度认真，工作积极主动，逐渐从一名普通的社区工作人员成长为社区主任。但是，石某自从担任了社区主任之后就开始变得浮躁，认为手中有了权力就应该好好利用，经常打着社区的旗号吃拿卡要。凡是辖区内居民或企业找她办事，轻则需要对方宴请吃饭，重则需要对方送礼，逢年过节她也会暗示辖区内商户对社区“表示表示”。2019 年端午节前，辖区内物业公司找到石某，需要社区为其出具一张证明，石某便以快过端午节为由要求物业公司为社区工作人员采购一批粽子。由于物业公司不满石某长期的吃拿卡要行为，一怒之下举报到上级部门。纪检部门调查核实后，对石某做出了严肃的处理。

现实生活中，有一些党员领导干部不能严格遵守廉洁自律规定，借办公事之机刁难群众，向群众吃拿卡要。究其原因，是其思想认识出现了问题，为民服务的宗旨和意识淡化了。党规党纪对此种行为作出了专门规定，要求对于侵害群众利益的行为进行严肃整治。《中国共产党纪律处分条例》第 112 条第 1 款第 5 项规定，在办理涉及群众事务时刁难群众、吃拿卡要的，对直接责任者和领导责任者应根据情节给予相应的处罚。在本案中，石某为社区的党员干部，在为民办事过程中，利用自己手中的权力向群众吃拿卡要，严重损害了党员干部的形象，违反了党员纪律，应视情节对其进行严肃的处理。

◆ 法律条文

《中国共产党纪律处分条例》

第一百一十二条　有下列行为之一，对直接责任者和领导责任者，情节较轻的，给予警告或者严重警告处分；情节较重的，给予撤销党内职务或者留党察看处分；情节严重的，给予开除党籍处分：

……

（五）在办理涉及群众事务时刁难群众、吃拿卡要的；

……

深度解析

不论在任何岗位上，党员干部都要时刻记住手中的权力是人民赋予的，牢固树立廉洁自律意识，正确行使手中的权力，严禁利用岗位职责故意刁难办事群众、向群众吃拿卡要。党员干部只有坚守做人、做事、用权的底线，才能不负党和人民对自己的信任。

66. 面对危急情况畏惧退缩的共产党员，会受到党纪处分吗？

◆ 案例分析

杜某是某社区的工作人员，也是一名老党员，由于工作积极主动，被推选为该社区的模范党员，还因此获得了市级的表彰。某日下午，社区工作人员发现附近的一家幼儿园发生了火灾，杜某跟同事一起急忙赶到了幼儿园。同事们纷纷冲向火场抢救被大火困住的儿童，但是，杜某害怕自己有危险，悄悄地离开了火场。事后，同事们发现杜某在危机时刻并没有挺身而出，没有发挥模范带头作用，认为他根本配不上“模范党员”的荣誉称号。面对火灾，杜某应该挺身而出吗？杜某畏惧逃离的行为会受到党纪处分吗？

在国家财产和人民群众生命财产受到严重威胁时，党员应挺身而出，积极进行救援，这是党章对党员的要求。在抗击疫情、抵御自然灾害的第一线，党员干部应当冲锋在前，用自己的行动诠释对党和国家的忠诚，履行一名党员的使命。绝不能因为害怕就无动于衷，甚至畏惧退缩。《中国共产党纪律处分条例》第 118 条规定：“遇到国家财产和群众生命财产受到严重威胁时，能救而不救，情节较重的，给予警告、严重警告或者撤销党内职务处分；情节严重的，给予留党察看或者开除党籍处分。”由此可知，面对危急情况党员干部应当有所作为，迎难而上、挺身而出，如果能救而不救、畏惧退缩的，视情节轻重，对其处以警告至开除党籍处分。在本案中，杜某作为中共党员，还获得过“模范党员”的荣誉称号，在遇到幼儿园发生火灾时，更应当以身作则、冲锋在前，应和同事一起在消防员赶到之前进行施救。然而，杜某却因为害怕危险而选择离开，党组织可以视情节轻重，对其处以警告至开除党籍的处分。

◆ 法律条文

《中国共产党纪律处分条例》

第一百一十八条　遇到国家财产和群众生命财产受到严重威胁时，能救而不救，情节较重的，给予警告、严重警告或者撤销党内职务处分；情节严重的，给予留党察看或者开除党籍处分。

深度解析

共产党员，尤其是党员领导干部要有担当精神，在关键时刻要豁得出来、顶得上去，真正成为带领人民群众战风险、渡难关的主心骨，要把对党的忠诚落在勇于担当上。面对国家和群众生命财产安全受到威胁的危难情况，绝不允许党员消极退缩，如果党员在危急时刻做一名“看客”或者“过客”，最终将受到党纪问责。

67. 党员干部与他人发生不正当性关系应受到什么处分？

◆ 案例分析

李某，中共党员，是某街道办事处的一名执法人员，对辖区内部分饭店有行政执法权。李某工作时发现，A 饭店的老板娘容貌出众，为了与老板娘多多接触，他经常到该店进行执法检查。两人相识后，李某更是以胁迫手段与其发展了不正当男女关系。后来事情败露，造成恶劣的社会影响，纪检部门对李某做出了严肃的处理。那么，李某应受何种纪律处分？

党员干部与他人发生不正当性关系，是违反伦理道德的行为，也是违反党规党纪的行为，尤其是利用手中的权力威逼利诱他人与自己发生性关系，更是严重败坏了党风党纪。这种行为给党组织、社会以及双方家庭都会造成负面影响，应严惩此类行为，杜绝此类行为的发生。《中国共产党纪律处分条例》第 135 条规定："与他人发生不正当性关系，造成不良影响的，给予警告或者严重警告处分；情节较重的，给予撤销党内职务或者留党察看处分；情节严重的，给予开除党籍处分。利用职权、教养关系、从属关系或者其他相类似关系与他人发生性关系的，从重处分。"由此可知，党员与他人发生不正当性关系，应当视情节轻重给予相应的处分，而且，利用职务便利与他人发生性关系的应当从重处罚。此外，我国《刑法》第236条第1款规定，以暴力、胁迫或者其他手段强奸妇女的，处3年以上10年以下有期徒刑。如果利用职权威胁或强迫对方与自己发生不正当性关系的，还成立强奸罪，将会受到刑法处罚。在本案中，李某作为国家机关工作人员，利用职务上的便利与饭店老板娘发生性关系，造成了极为恶劣的影响，严重违反了党规党纪，党组织应当对其进行从重处分。另外，李某还可能涉嫌强奸罪，可能会被追究刑事责任。

◆ 法律条文

《中国共产党纪律处分条例》

第一百三十五条　与他人发生不正当性关系，造成不良影响的，给予警告或者严重警告处分；情节较重的，给予撤销党内职务或者留党察看处分；情节严重的，给予开除党籍处分。

利用职权、教养关系、从属关系或者其他相类似关系与他人发生性关系的，从重处分。

《中华人民共和国刑法》

第二百三十六条第一款　以暴力、胁迫或者其他手段强奸妇女的，处三年以上十年以下有期徒刑。

深度解析

党员干部的生活作风，不仅关系到本人的品行，更直接关系到党在群众心中的威信和形象。如果党员干部的生活作风不检点、不正派，在道德情操方面打开缺口、出现滑坡，会对社会风气起到负面作用。因此，党员干部要始终加强作风廉政建设，培养高尚的情操，积极弘扬中华传统美德，践行社会主义荣辱观、价值观。

68. 多次操办宴请收受大额礼金的行为，应当受到怎样的处罚？

◆ 案例分析

吴某是某社区主任，中共党员，2019 年 5 月他的女儿结婚，宴请了很多亲朋好友。所在社区辖区内的很多商户老板知道吴主任家的喜事，也纷纷送来礼金祝贺。婚礼结束后，吴某统计总共收受礼金约 20 万元。吴某发现这是一种快速敛财的好方式，之后三年多的时间便利用儿子升学、父母过世、外孙满月等机会，大肆操办宴请，多次收受礼金共计 100 多万元。后经人举报，纪检机关对其展开调查。那么，吴某利用宴请机会收取他人大额财产的行为，将会受到怎样的处罚？

党员干部违规操办酒席借机敛财，不仅破坏了风清气正的社会环境，也严重损害了党员干部的良好形象，更是一种违法犯罪行为。《中国共产党纪律处分条例》第 91 条规定："利用职权或者职务上的影响操办婚丧喜庆事宜，在社会上造成不良影响的，给予警告或者严重警告处分；情节严重的，给予撤销党内职务处分；借机敛财或者有其他侵犯国家、集体和人民利益行为的，从重或者加重处分，直至开除党籍。"同时，我国《刑法》第 385 条第 1 款规定："国家工作人员利用职务上的便利，索取他人财物的，或者非法收受他人财物，为他人谋取利益的，是受贿罪。"由此可知，党员干部不得利用职权或者职务上的便利操办婚丧喜庆事宜。在本案中，吴某作为社区主任，多次借操办婚丧喜庆事宜之机向辖区内商户老板索要礼金，在社会上造成了不良影响，应当根据其行为作出相应的处理，如果他的行为构成受贿罪，应当追究其刑事责任。

◆ 法律条文

《中国共产党纪律处分条例》

第九十一条 利用职权或者职务上的影响操办婚丧喜庆事宜，在社会上造成不良影响的，给予警告或者严重警告处分；情节严重的，给予撤销党内职务处分；借机敛财或者有其他侵犯国家、集体和人民利益行为的，从重或者加重处分，直至开除党籍。

《中华人民共和国刑法》

第三百八十五条 国家工作人员利用职务上的便利，索取他人财物的，或者非法收受他人财物，为他人谋取利益的，是受贿罪。

国家工作人员在经济往来中，违反国家规定，收受各种名义的回扣、手续费，归个人所有的，以受贿论处。

第三百八十六条 对犯受贿罪的，根据受贿所得数额及情节，依照本法第三百八十三条的规定处罚。索贿的从重处罚。

深度解析

婚丧喜庆事宜的宴请本来是一种正常的交往方式，却被一些党员干部视为一种敛财的手段，让宴请变了味道、失了初衷。国家党员干部要时刻严格要求自己，拒绝金钱的诱惑，不得以任何方式谋取不正当利益。应当以身作则，时刻注意自身在群众心中的形象，为营造风清气正的社会环境贡献自己的力量。

图书在版编目（CIP）数据

社区法律知识学习手册：实用导图版 / 八五普法图书中心著. —北京：中国法制出版社，2021. 11

ISBN 978－7－5216－2124－2

Ⅰ. ①社…　Ⅱ. ①八…　Ⅲ. ①社区管理－法律－基本知识－中国　Ⅳ. ①D922. 182. 04

中国版本图书馆 CIP 数据核字（2021）第 171181 号

责任编辑：赵宏　　封面设计：李宁

社区法律知识学习手册：实用导图版

SHEQU FALÜ ZHISHI XUEXI SHOUCE：SHIYONG DAOTUBAN

著者/八五普法图书中心

经销/新华书店

印刷/三河市国英印务有限公司

开本/880 毫米×1230 毫米　32 开　　印张/6. 75　字数/83 千

版次/2021 年 11 月第 1 版　　2021 年 11 月第 1 次印刷

中国法制出版社出版

书号 ISBN 978－7－5216－2124－2　　定价：39. 80 元

北京市西城区西便门西里甲 16 号西便门办公区

邮政编码：100053　　传真：010－63141852

网址：http：//www. zgfzs. com　　**编辑部电话：010－63141832**

市场营销部电话：010－63141612　　**印务部电话：010－63141606**

（如有印装质量问题，请与本社印务部联系。）